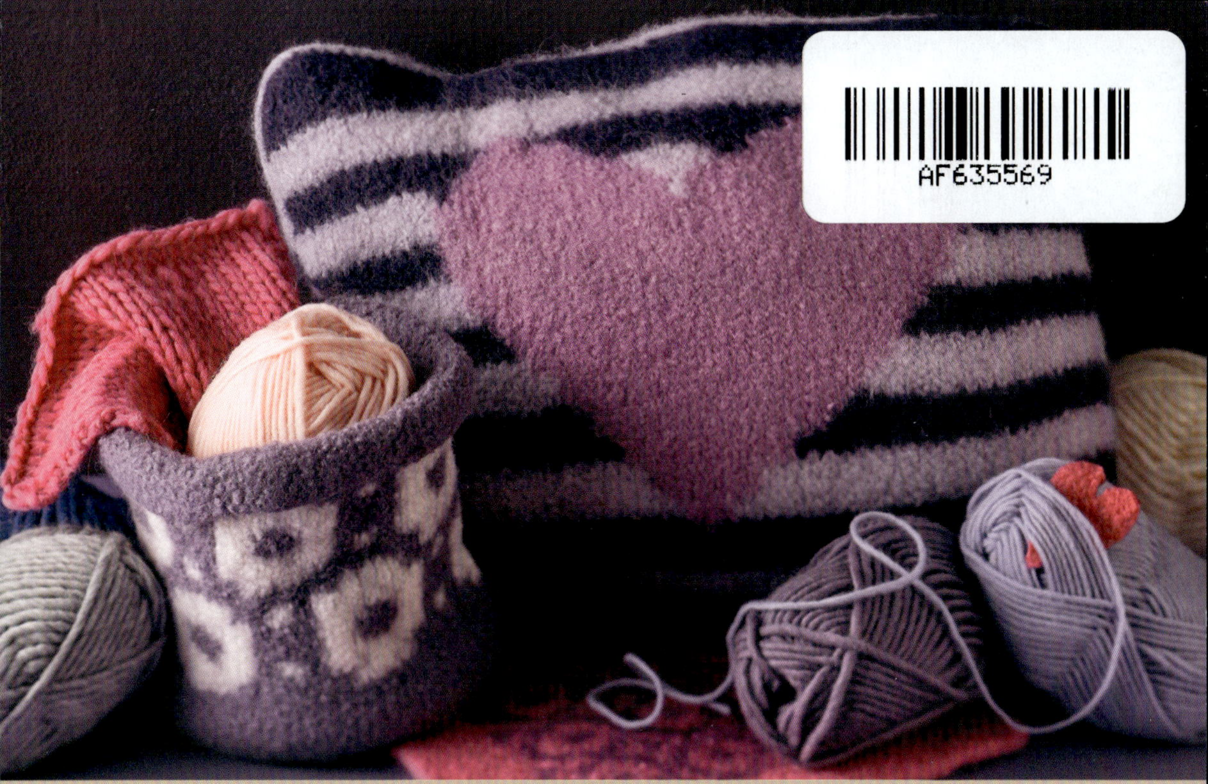

Lust auf Filzprojekte, aber nicht auf Seifenlauge oder Filznadel? Dann ist Strickfilzen genau die richtige Technik. Aus spezieller Wolle wird zuerst ein Werkstück gestrickt. Die Waschmaschine übernimmt im Anschluss die restliche Arbeit des Verfilzens.

Verschiedene Maschenarten, Farbeffekte, Noppen, Fransen oder Zopfmuster sorgen für Abwechslung und Struktur. So entstehen im Handumdrehen tolle Wohnraumdekorationen, praktische Accessoires oder witzige Figuren, die sich auch perfekt als Geschenk eignen.

Viel Spaß beim Stricken und Verfilzen!

Strickfilzen – so wird's gemacht

Filz entsteht, wenn Strickstücke in der Waschmaschine gewaschen werden. Dabei verbinden sich die ehemals locker gestrickten Maschen zu einer festen Fläche und das Strickstück schrumpft. Was manchmal beim Waschen von kuscheligen Winterpullis unabsichtlich passiert, ist beim Strickwoll-Filzen gewollt.

Zum Strickwoll-Filzen wird Schurwoll-Kammgarn aus 100 % unbehandelter Schurwolle verwendet. Im Handel sind spezielle Garne erhältlich.
Nähen Sie bei mehrteiligen Arbeiten alle Einzelteile vor dem Waschen zusammen, dann verfilzt sich die Naht gleich mit und hält gut. Das Gleiche gilt für das Vernähen der Anfangs- und Endfäden.
Wichtig ist, dass Sie vor der Arbeit am Modell stets eine Maschenprobe anfertigen und sie mit den angegebenen Maschen- und Reihenangaben vergleichen. Erst dann wird das eigentliche Werkstück gestrickt und anschließend in der Waschmaschine zum Filzen gewaschen.
Wenn Sie eine Maschenprobe machen, muss dies aber beim Materialverbrauch berücksichtigt werden, da die Wolle nach dem Filzen nicht mehr aufgetrennt werden kann.

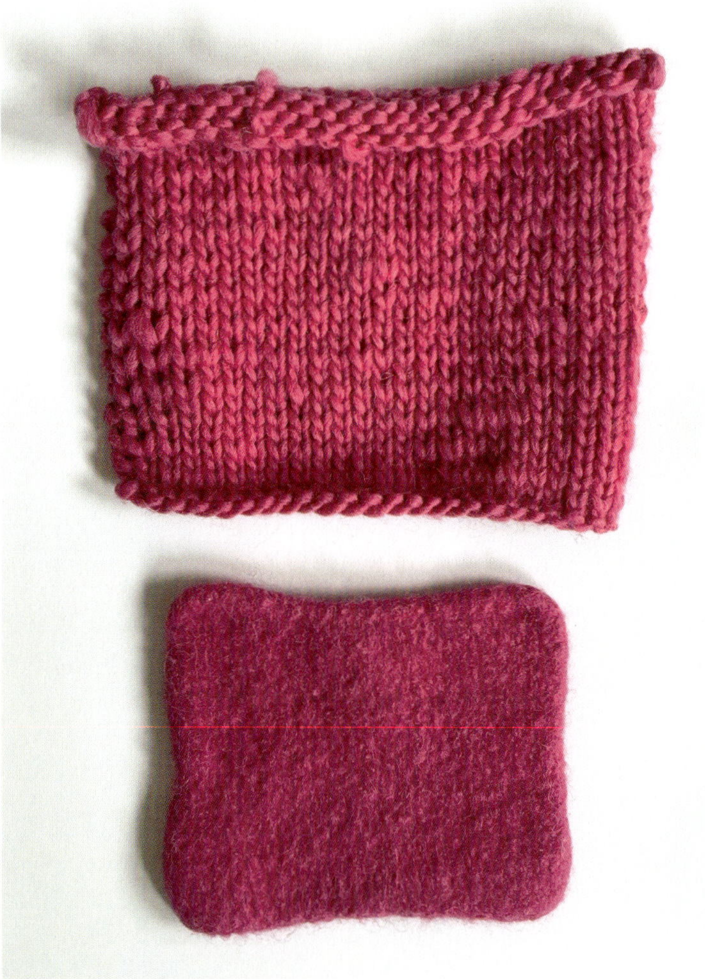

Größenunterschiede vor und nach dem Filzen: Bei unserem Musterstück ergeben 25 Maschen und 20 Reihen unverfilzt 24 cm x 20 cm und verfilzt 15,5 cm x 13 cm.

Maschenprobe

Das Anfertigen einer Maschenprobe ist vor allem sinnvoll, wenn man ein Endergebnis in einer bestimmte Größe haben muss. Für die Maschenprobe 20 Maschen und 20 Reihen glatt rechts stricken. Messen Sie Breite und Höhe dieses Probestücks unverfilzt und notieren Sie sich die Maße. Waschen Sie das Strickstück anschließend bei 40 °C in der Waschmaschine. Ziehen Sie das Filzstück danach vorsichtig in Form und lassen Sie es trocknen. Vermessen Sie das gefilzte Probestück und notieren Sie sich Höhe und Breite. Achten Sie dabei darauf, dass Sie Höhe und Breite nicht verwechseln. Sie erkennen dies an der Richtung der Maschen bzw. Reihen, die sich auch verfilzt noch gut abzeichnen. Berechnen Sie nun, wie viele Maschen Sie für das gewünschte Strickstück anschlagen müssen, um die richtige Größe zu erhalten.

Unser Tipp für Sie

Upcycling Aus der verfilzten Maschenprobe können Sie beliebige Formen, wie z. B. ein Herz ausschneiden und als Deko oder Accessoire verwenden oder weiterverarbeiten. Durch das Verfilzen während des Waschens trennen sich die gestrickten Maschen nicht mehr auf.

Filzen in der Waschmaschine

Geben Sie das Strickstück, das Sie Filzen wollen, mit einem alten Handtuch in die Waschmaschine. Sie können optional auch einige Tennisbälle dazulegen. Wählen Sie einen normalen Waschgang mit Schleudergang bei 40 °C und verwenden Sie Vollwaschmittel oder Flüssigvollwaschmittel. Die Waschmaschine sollte maximal zu zwei Dritteln gefüllt sein.

Unser Tipp für Sie

Vorsicht, Farbe Möchten Sie beim Filzen der Strickstücke noch andere Wäschestücke mitwaschen, beachten Sie bitte, dass die Wolle beim Waschen abfärben kann.

Die Strickstücke laufen beim Waschen je nach Wollqualität, Färbung oder Waschmaschine 30-40 Prozent ein. Auch die individuelle Strickart – locker oder fest – hat einen Einfluss auf das Ergebnis des Filzprozesses.
Ist das Strickstück nach dem Waschen noch nicht vollständig verfilzt oder noch zu groß, wiederholen Sie die Wäsche. Ist es beim Waschen zu stark geschrumpft, können Sie es im nassen Zustand in Form ziehen.
Falls die gefilzten Strickstücke nach dem Waschen faltig sind oder Knicke haben, können Sie sie im nassen Zustand mit dem Bügeleisen dämpfen. Sind verfilzte Zopfmuster nach dem Trocknen nicht mehr gut zu erkennen, können Sie die Zöpfe mit einer Filznadel in Form bringen, indem Sie die Konturen vorsichtig nachstechen.

Pink Heart

Kissen mit eingestricktem Herz

GRÖSSE
40 cm x 35 cm

MATERIAL

- Lana Grossa Feltro (LL 50 m/50 g) in Flieder (Fb 99), 250 g, in Aubergine (Fb 100), 100 g, in Erika (Fb 69), 50 g
- Rundstricknadel 8,0 mm, 80 cm lang
- Füllwatte, 300 g

MASCHENPROBE
Glatt rechts
mit Nd 8,0 mm
11 M und 16 R
= 10 cm x 10 cm
(unverfilzt)

ZÄHLMUSTER
Vorlagenbogen 2

Glatt rechts

In Hinr rechte M, in Rückr linke M str.

Intarsienmuster

In R nach dem Zählmuster arb, dabei rechts und links neben dem Herz sowie im oberen Drittel zwischen den Höckern separate Knäuel nach oben führen und beim Fb-Wechsel jeweils die Fäden verschlingen, damit keine Löcher entstehen (siehe „So wird's gemacht"). Nach Beendigung des Herzes wieder mit einem Faden über die gesamte Breite str.

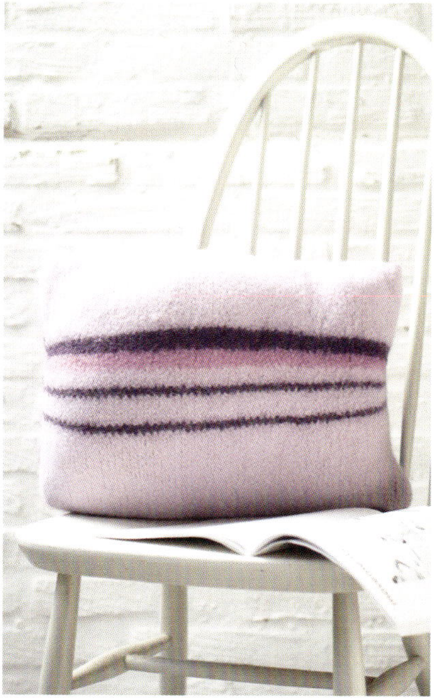

Anleitung

Vorderteil

In Flieder 67 M anschl. Das Intarsienmuster glatt rechts arb. Alle M locker abk und die Fäden vernähen; dabei beim Farbwechsel eventuell entstandene Löcher zusammenziehen oder zusammennähen.

Rückteil

In Flieder 67 M anschl und 80 R glatt rechts str. Alle M locker abk.

Fertigstellen

Vorderseite und Rückseite mit Matratzenstich rundum zusammennähen, dabei an einer Seite eine 15 cm lange Öffnung lassen. Das Kissen mit Füllwatte gleichmäßig, aber nicht zu prall füllen (siehe TOPP-Tipps). Anschließend die Öffnung mit Matratzenstich schließen. Zum Filzen das Kissen bei 40 °C waschen (siehe S. 3).

Unser Tipp für Sie

Wendekissen Die Reste in Aubergine und Erika vom Vorderteil können Sie als schmale Streifen im Rückenteil mit einstricken. So entsteht ein hübsches Wendekissen.

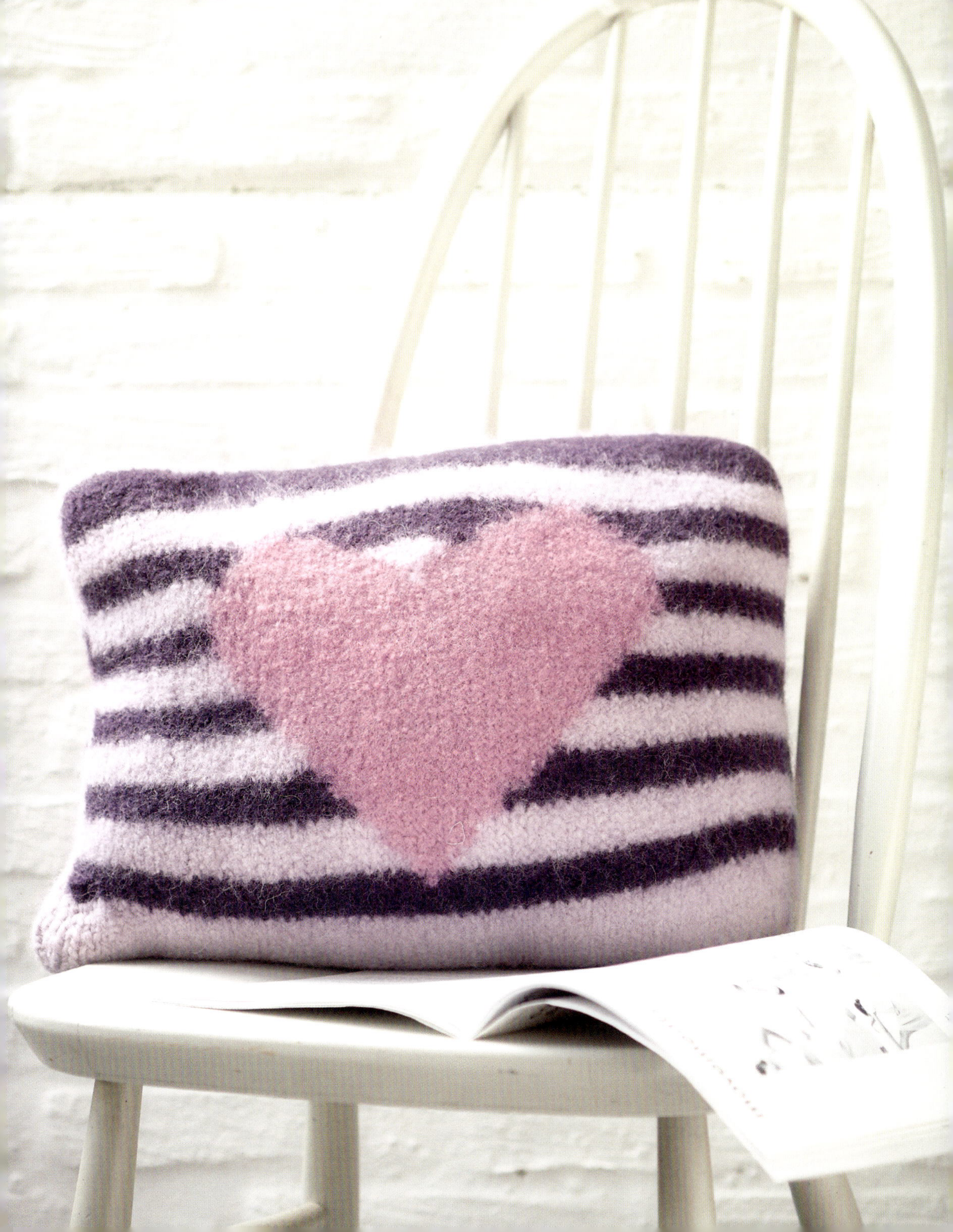

Lichtgefäße

Teelichter-Hüllen in verschiedenen Farben

GRÖSSE
ø 8 cm

MATERIAL

- Schachenmayr Wash+Filz-it! Fine (LL 50 m/50 g) in Lavendel (Fb 150) oder Rosa (Fb 140), je 50 g
- Nadelspiel 5,0 mm
- Maschenmarkierer

Hinweis: Aus 50 g Wolle können Sie 3 Hüllen stricken.

MASCHENPROBE
Glatt rechts
mit Nd 5,0 mm
16 M und 22 R
= 10 cm x 10 cm
(unverfilzt)

Glatt rechts

In Rd alle M rechts str.

Anleitung

8 M anschl, gleichmäßig auf 4 Nd verteilen (2 M pro Nd) und zur Rd schließen. Den Rd-Anfang mit einem Kontrastfaden oder M-Markierer kennzeichnen. Glatt rechts in Rd str und die Zunahmen wie folgt arb:
1. Rd: Jede M verdoppeln (= 16 M).
2. (und jede weitere gerade) Rd: Alle M ohne Zunahme str.
3. Rd: Jede 2. M verdoppeln (= 24 M).
5. Rd: Jede 3. M verdoppeln (= 32 M).
7. Rd: Jede 4. M verdoppeln (= 40 M).
9. Rd: Jede 5. M verdoppeln (= 48 M).
11. Rd: Jede 6. M verdoppeln (= 56 M).
Anschließend 10 Rd ohne Zunahme str.
22. Rd: Jeweils 2 M rechts zusammenstr (= 28 M).
Danach alle M abk und die Fäden vernähen.

Fertigstellen

Zum Filzen die Teelichthüllen bei 40 °C waschen (siehe S. 3). Noch nass in Form ziehen und anschließend trocknen lassen.

Unsere Tipps für Sie

Stimmungsvoll Viele kleine Lichtgefäße in verschiedenen Farben sind eine schöne, stimmungsvolle Dekoration.
Echte Teelichter Wenn Sie echte Teelichter verwenden wollen, stellen Sie diese in einem kleinen Kerzenglas in die strickgefilzten Gefäße.

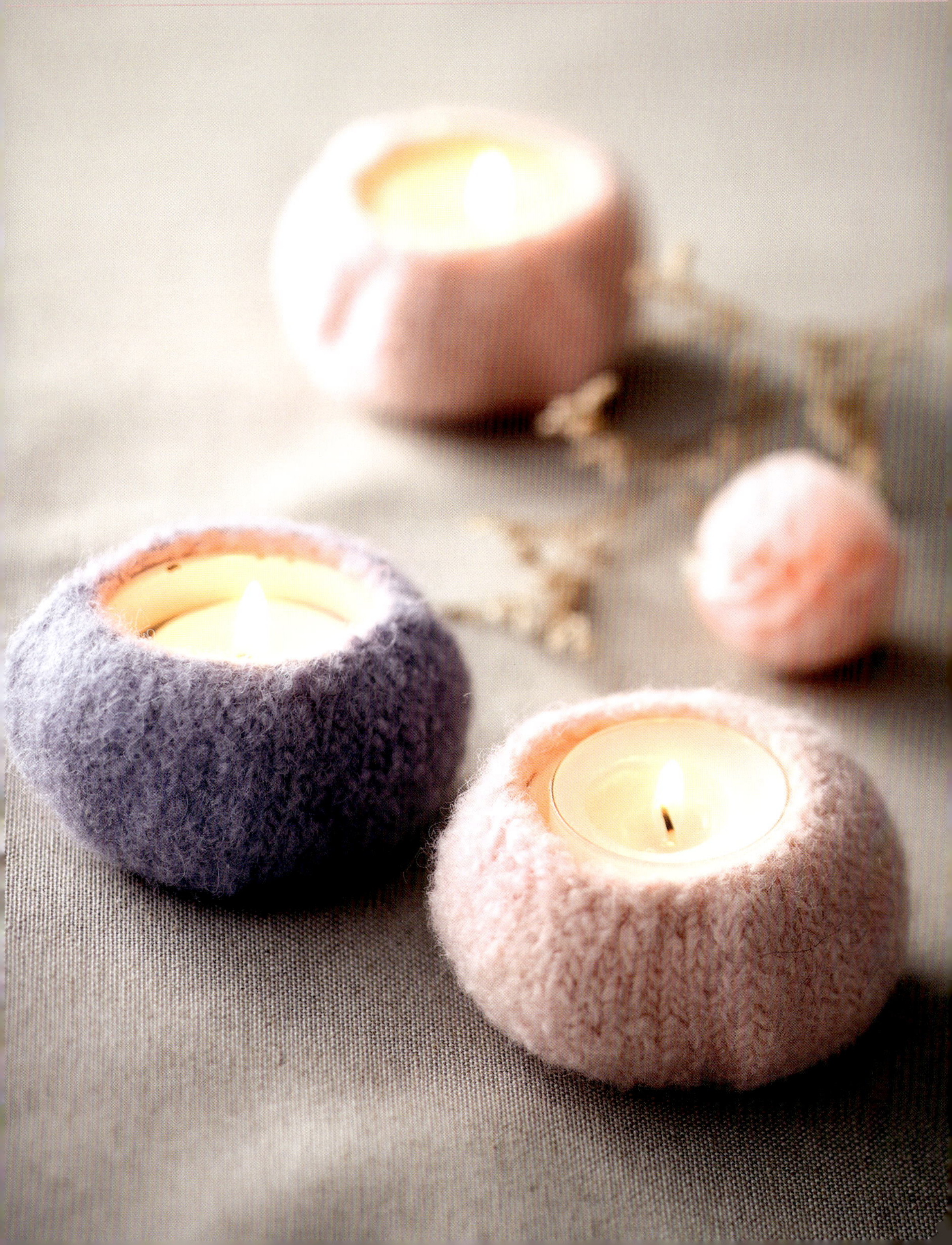

Burgundy Basket

großer Korb mit Noppen

GRÖSSE
ø ca. 50 cm

MATERIAL
- Schachenmayr Wash+Filz-it! (LL 50 m/50 g) in Ruby (Fb 06), 1000 g
- Nadelspiel 8,0 mm
- Rundstricknadel 8,0 mm, 80 cm und 120 cm lang
- Maschenmarkierer

MASCHENPROBE
Glatt rechts
mit Nd 8,0 mm
11 M und 16 R
= 10 cm x 10 cm
(unverfilzt)

Glatt rechts

In Hinr rechte M, in Rückr linke M str, in Rd alle M rechts str.

Kraus rechts

In Rd 1 Rd rechte M, 1 Rd linke M im Wechsel str.

Noppenmuster

1. Noppen-Runde: Die M rechts str und nach jeder 10. M eine Noppe wie folgt str: 5 M aus dem Querfaden herausstr, dafür abwechselnd von vorne und hinten einstechen. Die Arbeit wenden und die 5 Noppen-M links str. 4 R glatt rechts über die 5 Noppen-M str, dabei nach den 5 M jeweils die Arbeit wenden. Die Arbeit erneut wenden und alle 5 Noppen-M rechts zusammenstr. Die folgende M rechts str und die Noppen-M über die eben gestrickten M heben. 10 M str und die nächste Noppe arb. Bis zum Ende der Rd wdh (= 24 Noppen).
2. Noppen-Runde: Wie die 1. Noppen-Runde str, dabei jedoch die 1. Noppe nach 5 M str.

Anleitung

8 M anschl, gleichmäßig auf 4 Nd verteilen (2 M pro Nd) und zur Rd schließen. Den Rd-Anfang mit einem Kontrastfaden oder M-Markierer kennzeichnen. Glatt rechts in Rd str und die Zunahme wie folgt arb:
1. Rd: Jede M verdoppeln (= 16 M).
2. (und jede weitere gerade) Rd: Alle M ohne Zunahme str.
3. Rd: Jede 2. M verdoppeln (= 24 M).
5. Rd: Jede 3. M verdoppeln (= 32 M).
7. Rd: Jede 4. M verdoppeln (= 40 M).
9. Rd: Jede 5. M verdoppeln (= 48 M).
11. Rd: Jede 6. M verdoppeln (= 56 M).
13. Rd: Jede 7. M verdoppeln (= 64 M).
14. Rd: Alle M ohne Zunahme str.
Nach diesem Schema weiterstr, bis 240 M auf der Nd sind, dabei die M zunächst auf die kurze und später auf die lange Rundstricknd heben, wenn die M-Anzahl zu groß wird.
Anschließend ohne Zunahme wie folgt weiterarb: *10 Rd glatt rechts str, dann die 1. Noppen-Runde arb. 10 Rd glatt rechts str und die 2. Noppen-Runde arb. Ab* 2x wdh (= 6 Noppen-Runden).
10 Rd glatt rechts str, danach 1 Rd linke M, 1 Rd rechte M und 1 Rd linke M arb.
In der nächsten Rd für die Henkel 40 M rechts str, 40 M abk, 80 M rechts, 40 M abk, 40 M rechts str. In der darauffolgenden Runde alle M rechts str, dabei für die Henkel jeweils 40 M neu anschl.
Zum Schluss 10 Rd kraus rechts über 240 M str. Alle M abk und die Fäden vernähen.

Fertigstellen

Zum Filzen den Korb bei 40 °C waschen (siehe S. 3). Noch nass in Form ziehen und anschließend trocknen lassen. Falls er beim ersten Mal in der Waschmaschine nicht ausreichend verfilzt ist, einfach noch einmal waschen.

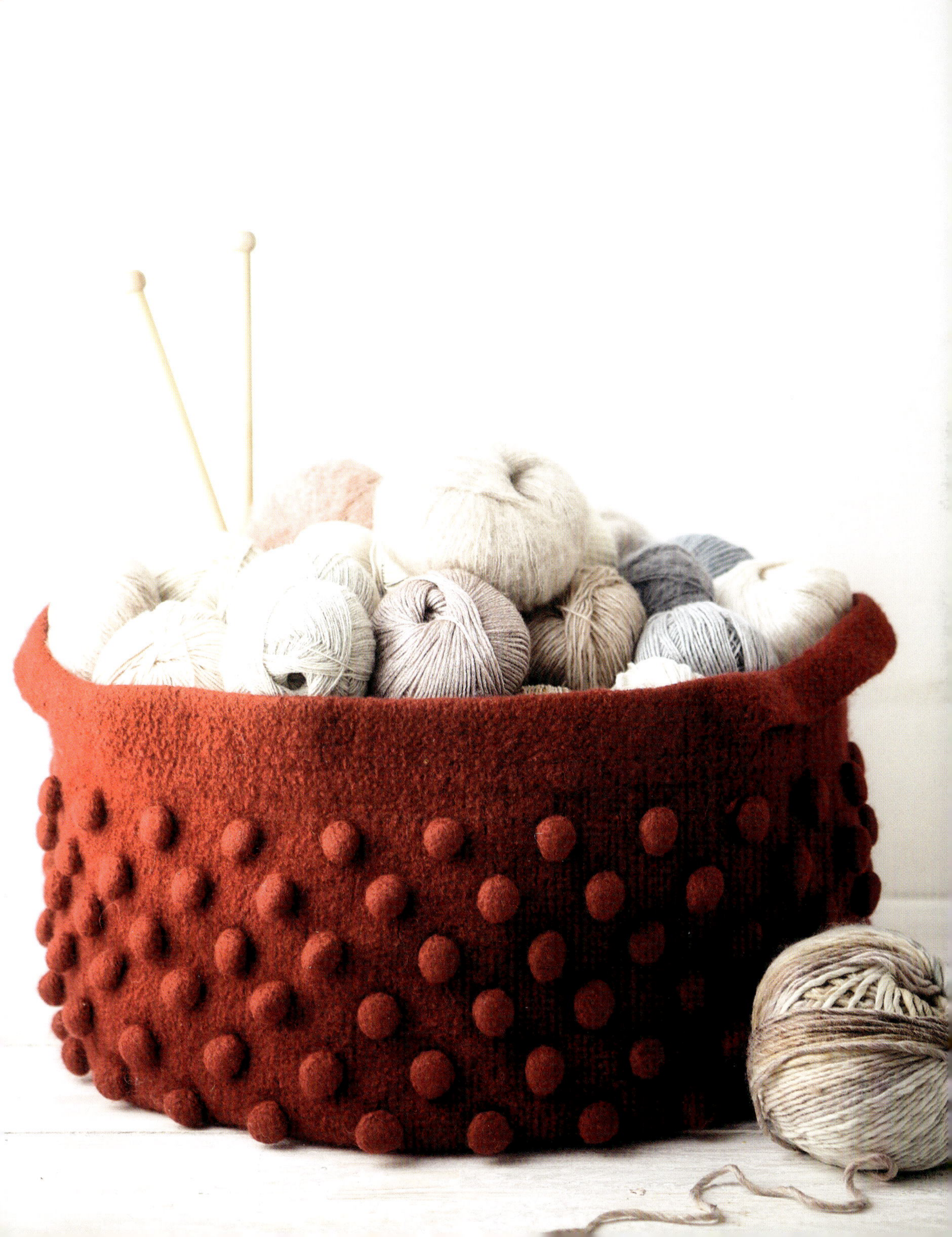

Die Ottos

machen gute Laune

GRÖSSE
35 cm hoch, 18 cm breit

MATERIAL
- Maschenmarkierer
- Nadelspiel 7,0 mm
- Füllwatte, 100 g
- Buntstift in Rot

GRÜNER OTTO
- Woll Butt Filzwolle (LL 50 m/50 g) in Hellgrün (Fb 22816), 50 g
- Schachenmayr Wash+Filz-it! (LL 50 m/50 g) in Steel (Fb 21), 50 g
- Lana Grossa Feltro (LL 50 m/50 g) in Vanille (Fb 96), 50 g
- Filzwolle in Dunkelbraun, Rest
- 2 Halbperlenaugen in Schwarz, ø 8 mm

PINKER OTTO
- Woll Butt Filzwolle (LL 50 m/50 g) in Pink (Fb 21930), 50 g
- Schachenmayr Wash+Filz-it! (LL 50 m/50 g) in Steel (Fb 21), 50 g
- Lana Grossa Feltro (LL 50 m/50 g) in Vanille (Fb 96), 50 g
- Filzwolle in Braun, Rest
- 2 Halbperlenaugen in Schwarz, ø 6 mm

Hinweis: Für beide Ottos genügen 50 g in Steel.

MASCHENPROBE
Glatt rechts
mit Nd 7,0 mm
11 M und 16 R
= 10 cm x 10 cm
(unverfilzt)

ZÄHLMUSTER
Vorlagenbogen 1

Farbfolge

6 Rd in Hellgrün, 6 Rd in Steel im Wechsel

Jacquardmuster

Glatt rechts in Rd nach dem Zählmuster arb (siehe „So wird's gemacht").

Grüner Otto

In Hellgrün 8 M anschl, gleichmäßig auf 4 Nd verteilen (2 M pro Nd) und zur Rd schließen. Den Rd-Anfang mit einem Kontrastfaden oder M-Markierer kennzeichnen. Glatt rechts in Rd str und die Zunahmen wie folgt arb:
1. Rd: Jede M verdoppeln (= 16 M).
2. (und jede weitere gerade) Rd: Alle M ohne Zunahme str.
3. Rd: Jede 2. M verdoppeln (= 24 M).
5. Rd: Jede 3. M verdoppeln (= 32 M).
7. Rd: Jede 4. M verdoppeln (= 40 M).
9. Rd: Jede 5. M verdoppeln (= 48 M).
11. Rd: Jede 6. M verdoppeln (= 56 M).
12. Rd: Alle Maschen ohne Zunahmen str.
30 Rd im Streifenmuster gemäß Fb-Folge str, dabei in der 20. Rd die 2. und 3. M und in der 26. Rd die 11. und 12. M jeder Nd zusammenstr (= 48M).
20 Rd in Vanille str, dabei in der 2. Rd die 10. und 11. M, in der 7. Rd die 2. und 3. M und in der 12. Rd die 8. und 9. M jeder Nd zusammenstr (= 36 M).
Alle Fäden im Innern des Körpers verknoten und vernähen und den Körper locker mit Füllwatte stopfen.

Weiter geht es auf Seite 12 ...

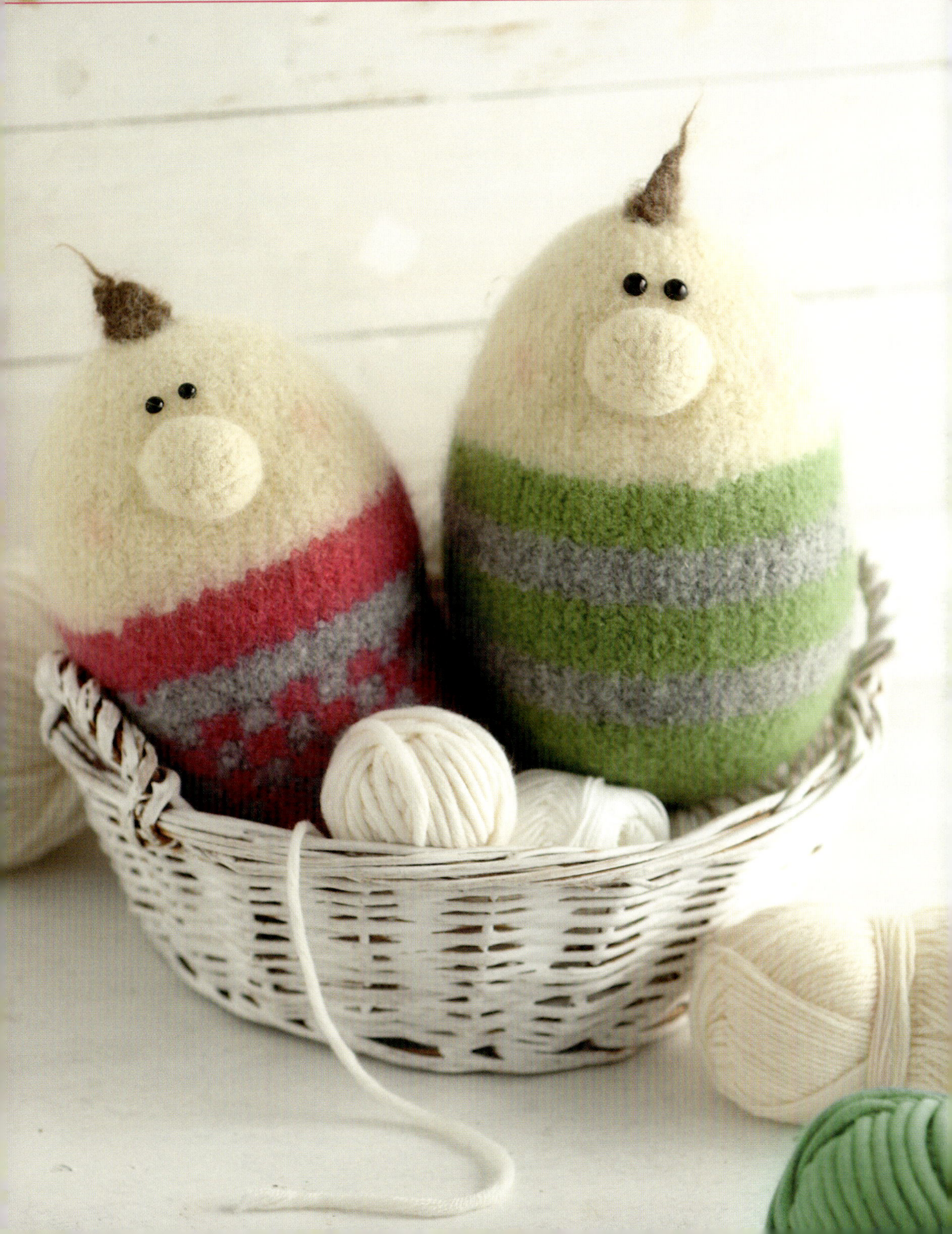

Den Kopf wie folgt arb:

1. Rd: Die 2. und 3. M jeder Nd zusammenstr (=32 M).

2. Rd: 32 M ohne Abnahmen str.

3. Rd: Die 6. und 7. M jeder Nadel zusammenstr (=28 M).

4. Rd: 28 M ohne Abnahmen str.

5. Rd: Die 2. und 3. M jeder Nd zusammenstr (=24 M).

6. Rd: 24 M ohne Abnahmen str.

7. Rd: Die 4. und 5. M jeder Nd zusammenstr (=20 M).

8. Rd: 20 M ohne Abnahmen str.

9. Rd: Jeweils 2 M rechts zusammenstr (=10 M).

10. Rd: Jeweils 2 M rechts zusammenstr (=5 M).

Durch die Öffnung noch etwas Füllwatte schieben. Die letzten 5 M mit einer Nähnd auf den Endfaden fädeln, am Endfaden ziehen, um die Öffnung zu schließen. Den Faden vernähen.

Für die Haare 3 jeweils 15 cm lange Fäden in Dunkelbraun zurechtschneiden, als Fransen oben in der Mitte des Kopfes einziehen und auf ca. 4 cm Länge zurückschneiden.

Nase

In Vanille 8 M anschl, gleichmäßig auf 4 Nd verteilen (2 M pro Nd) und zur Rd schließen. Den Rd-Anfang mit einem Kontrastfaden oder M-Markierer kennzeichnen. Glatt rechts in Rd str und die Zunahmen wie folgt arb:

1. Rd: Jede M verdoppeln (=16 M).

2. Rd: Alle M ohne Zunahme str.

3. Rd: Jede 2. M verdoppeln (=24 M).

Den Anfangsfaden vernähen und dabei das kleine Loch schließen. Die M mit einer Nähnd auf den Endfaden fädeln. Die Nase leicht mit Füllwatte füllen. Die Nase am Endfaden zusammenziehen und mittig auf das Gesicht nähen.

Pinker Otto

Die 1.-12. Rd wie beim grünen Otto str. Anschließend 6 Rd glatt rechts in Pink ohne Zunahme arb. Danach 12 Rd Jacquardmuster str. 5 Rd in Steel arb, dabei in der 2. Rd die 2. und 3. M jeder Nd zusammenstr (=52 M). 7 Rd in Pink str, dabei in der 3. Rd die 11. und 12. M jeder Nd zusammenstr (=48 M).

Kopf und Nase wie beim grünen Otto arb.

Fertigstellen

Zum Filzen die Ottos bei 40 °C waschen (siehe S. 3). Noch nass in Form ziehen und anschließend trocknen lassen. Zum Schluss mit einem Buntstift die Wangen röten.

Unser Tipp für Sie

Verzierung Stricken Sie aus Wollresten kleine Quadrate oder Rechtecke und geben Sie sie zum Verfilzen mit in die Waschmaschine. Schneiden Sie anschließend zum Beispiel kleine Herzen aus und kleben oder nähen Sie sie den Ottos auf dem Bauch.

Liebevolle Details wie Federn, Knopfaugen und langer Schnabel machen den Charme der Zaunhocker aus.

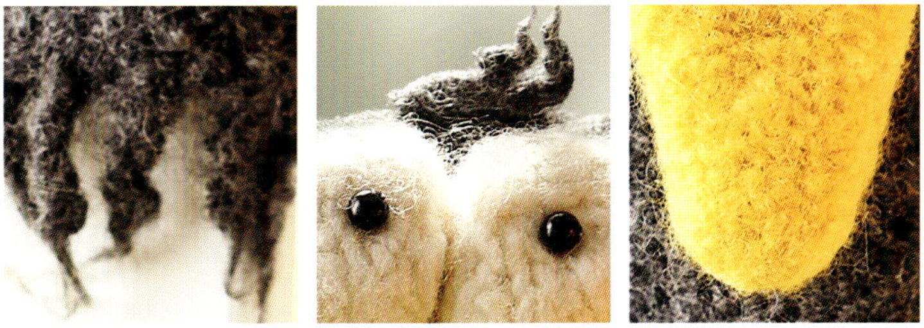

Zaunhocker

lustige Vögel mit großem Schnabel

GRÖSSE

24 cm hoch

MATERIAL

- Nadelspiel 7,0 mm
- 2 Perlen in Schwarz, ø 6 mm
- Füllwatte, Rest

GRAUER VOGEL

- Lana Grossa Feltro (LL 50 m/50 g) in Dunkelgrau meliert (Fb 04), 150 g, in Kanariengelb (Fb 94), 50 g, in Rohweiß (Fb 01), Reste

GELBER VOGEL

- Lana Grossa Feltro (LL 50 m/50 g) in Kanariengelb (Fb 94), Dottergelb (Fb 78) und Mandarin (Fb 80), je 50 g, in Rohweiß (Fb 01), Reste
- Maschenmarkierer

MASCHENPROBE

Glatt rechts mit Nd 7,0 mm 11 M und 16 R = 10 cm x 10 cm (unverfilzt)

Kraus rechts

In Rd 1 Rd rechte M, 1 Rd linke M im Wechsel str.

Glatt rechts

In Rd alle M rechts str.

Grauer Vogel

In Dunkelgrau meliert 40 M anschl, gleichmäßig auf 4 Nd verteilen (10 M pro Nd) und zur Rd schließen. Den Rd-Anfang mit einem Kontrastfaden oder M-Markierer kennzeichnen.
70 Rd kraus rechts str. Anschließend die Abnahmen wie folgt arb:

71. Rd: Auf der 1.+3. Nd jeweils die 8.+9. M und auf der 2.+4. Nd jeweils die 2.+3. M rechts zusammenstr (=36 M).

72.-76. Rd: Alle M ohne Abnahmen str.

77. Rd: Auf der 1.+3. Nd jeweils die 7.+8. M und auf der 2.+4. Nd jeweils die 2.+3. M rechts zusammenstr (=32 M).

78.-82. Rd: Alle M ohne Abnahmen str.

Für den Schnabel zu Gelb wechseln und glatt rechts weiterstr.

83. Rd: Auf der 1.+3. Nd jeweils die 6.+7. M und auf der 2.+4. Nd jeweils die 2.+3. M rechts zusammenstr (=28 M).

84.-88. Rd: Alle M ohne Abnahmen str.

89. Rd: Auf der 1.+3. Nd jeweils die 5.+6. M und auf der 2.+4. Nd jeweils die 2.+3. M rechts zusammenstr (=24 M).

Weiter geht es auf Seite 14 ...

90.-94. Rd: Alle M ohne Abnahmen str.
95. Rd: Auf der 1.+3. Nd jeweils die 4.+5. M und auf der 2.+4. Nd jeweils die 2.+3. M rechts zusammenstr (=20 M).
96.-100. Rd: Alle M ohne Abnahmen str.
101. Rd: Auf der 1.+3. Nd jeweils die 3.+4. M und auf der 2.+4. Nd jeweils die 2.+3. M rechts zusammenstr (=16 M).
102.-106. Rd: Alle M ohne Abnahmen str.
107. Rd: Auf der 1.+3. Nd jeweils die 2.+3. M und auf der 2.+4. Nd jeweils die 2.+3. M rechts zusammenstr (=12 M).
108.-112. Rd: Alle M ohne Abnahmen str.
113. Rd: Auf der 1.+3. Nd jeweils die 2.+3. M und auf der 2.+4. Nd jeweils die 2.+3. M rechts zusammenstr (=8 M).
Den Endfaden abschneiden, die M mit einer Nähnd auffädeln. Am Faden ziehen, um die Öffnung zu schließen. Die Fäden im Inneren vernähen.

Auge (2x)

In Rohweiß 8 M anschl, gleichmäßig auf 4 Nd verteilen (2 M pro Nd) und zur Rd schließen. Den Rd-Anfang mit einem Kontrastfaden oder M-Markierer kennzeichnen. 1 Rd glatt rechts str, in der 2. Rd jede M verdoppeln (=16 M), 3 Rd ohne Zunahme str. Den Endfaden abschneiden und die M mit einer Nähnd auffädeln. Den Anschlagfaden so vernähen, dass keine Öffnung zu sehen ist. Das Auge leicht mit Füllwatte stopfen und am Endfaden ziehen, um die Öffnung zu schließen. Das Auge mit dem Endfaden annähen, dabei ganz durch den Kopf stechen, damit der Kopf nach vorne kippt und dort befestigt ist.

Gelber Vogel

Wie den grauen Vogel arb, jedoch die 1.-82. Rd statt in Dunkelgrau meliert in folgender Fb-Folge arb: 20 Rd in Kanariengelb, 30 Rd in Dottergelb und 32 Rd in Mandarin.

Fertigstellen

Aus den Restfäden 3 jeweils 10 cm lange Doppelfäden in passender Fb zurechtschneiden und als Haare oberhalb der Augen einziehen. Nach Wunsch an der Unterkante aus Wollresten Fransen einziehen, die nach dem Filzen wie ein Federkostüm aussehen.
Zum Filzen den Vogel bei 40 °C waschen (siehe S. 3). Noch nass in Form ziehen und anschließend trocknen lassen. Die Perlen als Pupillen aufnähen.

Unser Tipp für Sie

Outdoortauglich Der Vogel kann als Gartenzaunhocker auch einen Platz im Garten finden. Es macht ihm nichts aus, ab und zu nass zu werden.

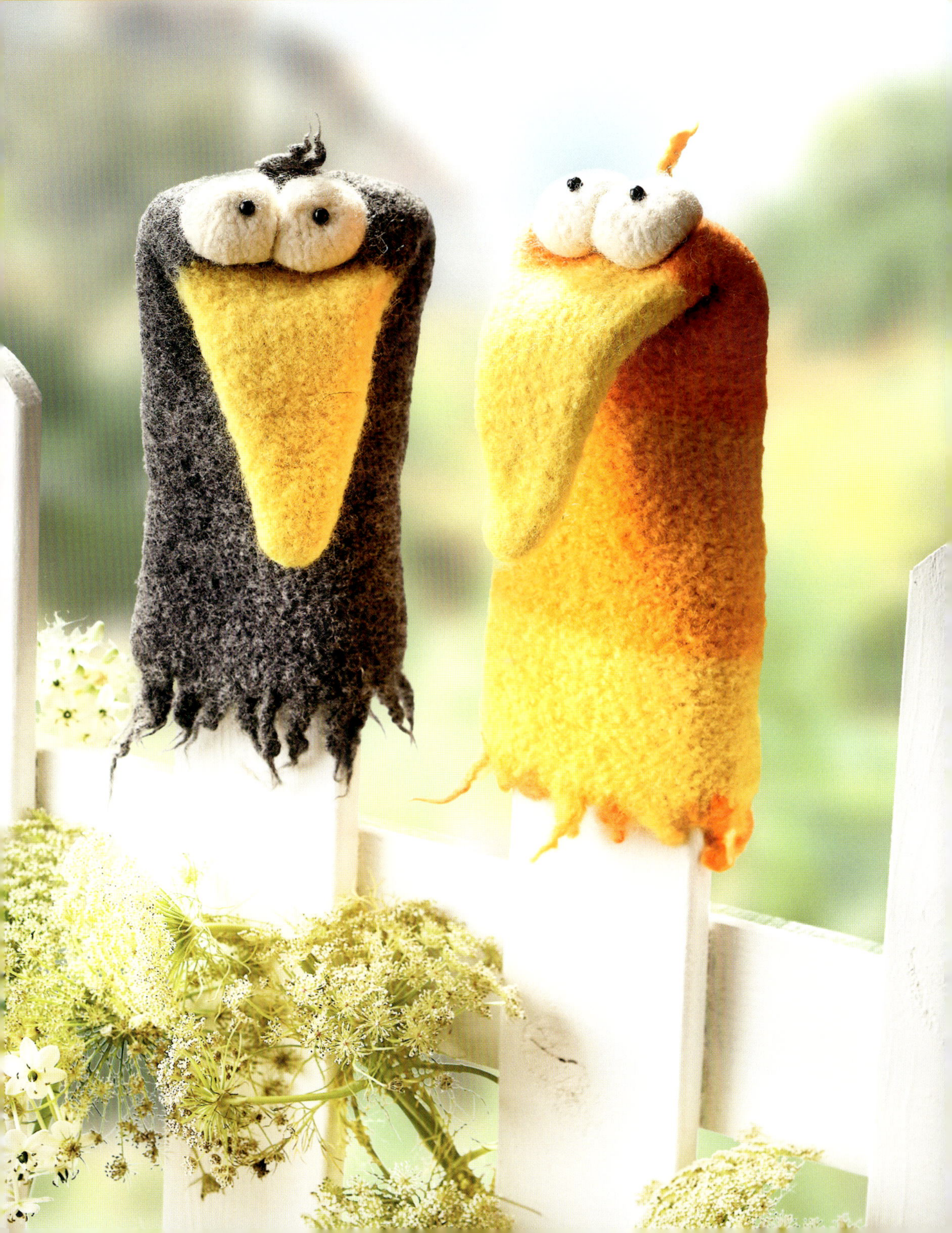

Die drei verschiedenen Muster lassen den Läufer besonders edel wirken.

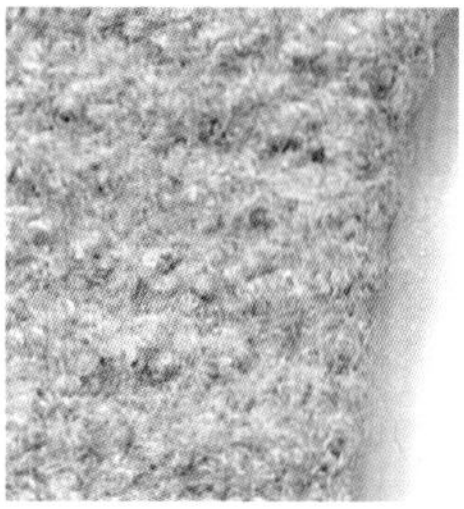
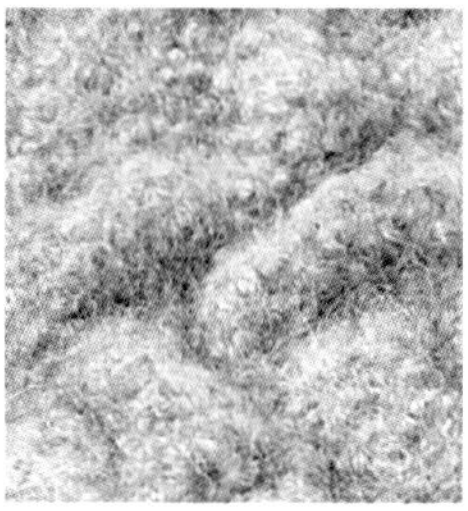
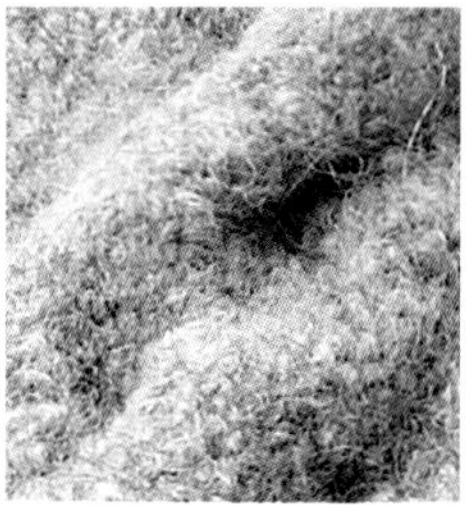

Für warme Füße

Bodenläufer mit Zopfmuster

GRÖSSE
68 cm x 48 cm

MATERIAL
- Schachenmayr Wash+Filz-it! (LL 50 m/50 g) in Steel (Fb 21), 700 g
- Rundstricknadel 8,0 mm, 120 cm lang

MASCHENPROBE
Glatt rechts mit Nd 8,0 mm 11 M und 16 R = 10 cm x 10 cm (unverfilzt)

STRICKSCHRIFTEN
Vorlagenbogen 2

Zopfmuster 1 und 2

In allen R nach der Strickschrift arb. Den Rapport von 23 M 1x str. Es sind nur die Hinr gezeichnet, in den Rückr die M str, wie sie erscheinen. Die 1.-16. R fortlaufend wdh.

Flechtmuster

In allen R nach der Strickschrift arb. Den Rapport von 15 M 1x str. Es sind nur die Hinr gezeichnet, in den Rückr die M str, wie sie erscheinen. Die 1.-16. R fortlaufend wdh.

Bundmuster

2 R rechte Maschen, 2 R linke Maschen im Wechsel str.

Anleitung

101 M anschl. 16 R im Bundmuster str. Danach 160 R in folgender Einteilung str: 10 M Bundmuster, 4 M links, 23 M Zopfmuster 1, 6 M links, 15 M Flechtmuster, 6 M links, 23 M Zopfmuster 2, 4 M links, 10 M Bundmuster. Anschließend die Einteilung 6 R weiterarb, dabei aber jeweils nur die 1.-6. R des Höhenrapports str. Zum Schluss 16 R im Bundmuster str. Alle Maschen abk und die Fäden vernähen.

Fertigstellen

Zum Filzen den Läufer bei 40 °C waschen (siehe S. 3). Noch nass in Form ziehen und anschließend trocknen lassen.

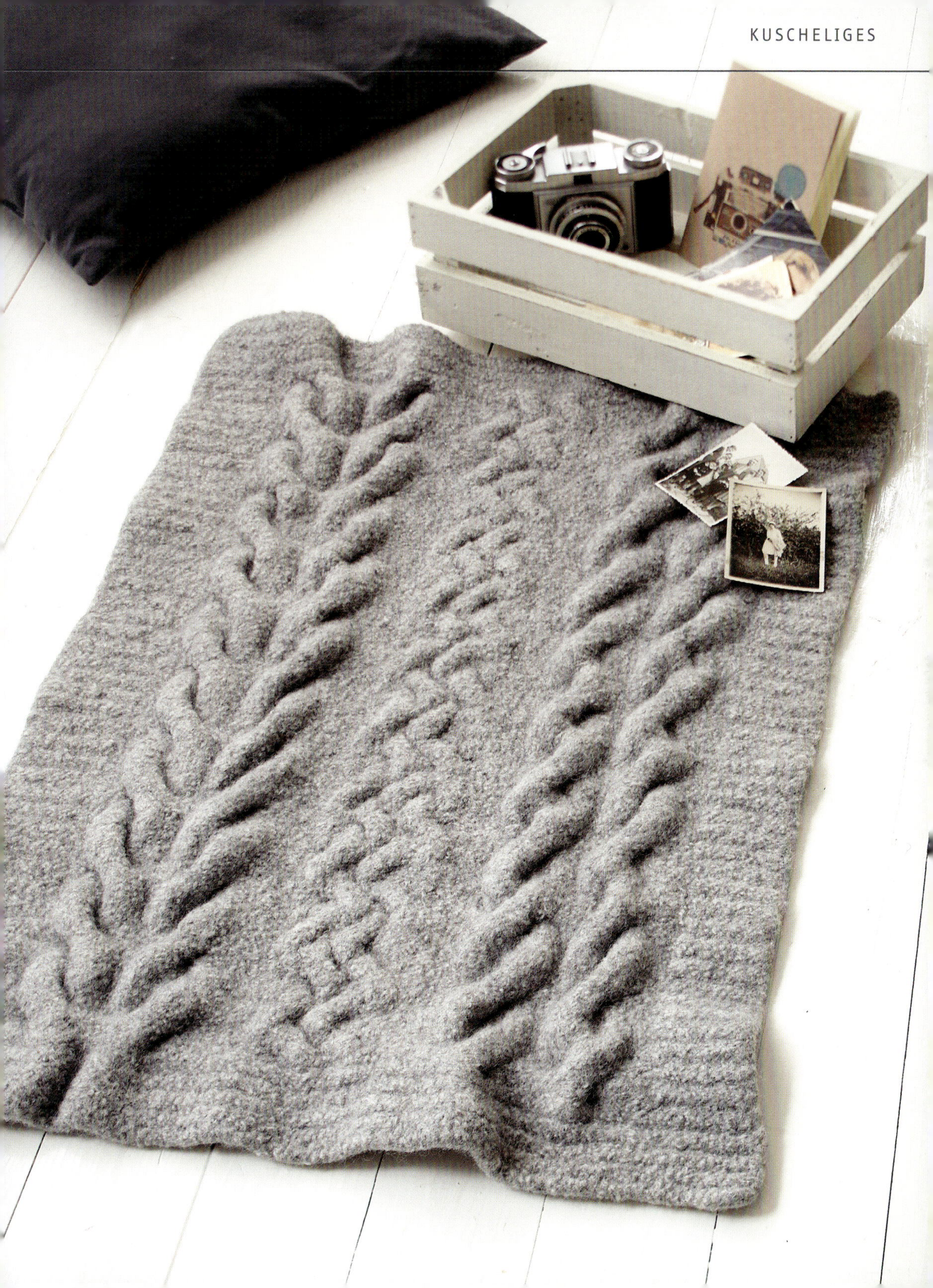

Flower Power

Doorstop mit Blumenmuster

GRÖSSE
72 cm Umfang,
26 cm hoch (ohne Griff)

MATERIAL

- Woll Butt Filzwolle (LL 50 m/50 g) in Wollweiß (Fb 21926), 100 g, in Hellgrün (Fb 22816), 50 g
- Lana Grossa Feltro (LL 50 m/50 g) in Grasgrün (Fb 11), 100 g, in Pink (Fb 38) und Flieder (Fb 99), Reste
- Kunstlederriemen in Hellbraun, 2,5 cm breit, 35 cm lang
- Füllwatte, 150 g
- Kunststoffgranulat, 500 g
- Rundstricknadel 8,0 mm, 80 cm lang

MASCHENPROBE
Glatt rechts mit Nd 8,0 mm
11 M und 16 R = 10 cm x 10 cm (unverfilzt)

ZÄHLMUSTER
Vorlagenbogen 2

Glatt rechts

In Hinr rechte M, in Rückr linke M str.

Intarsienmuster

In R nach dem Zählmuster arb, dabei für jede Blüte und jedes Blatt einen separaten Wollknäuel verwenden und beim Fb-Wechsel jeweils die Fäden verschlingen, damit keine Löcher entstehen (siehe „So wird's gemacht").

Anleitung

Für das Vorderteil in Grasgrün 46 M anschl und 20 R glatt rechts str. Danach 4 R Hellgrün, 4 R Grasgrün und 4 R Hellgrün str. Ab der 33. R das Intarsienmuster über 30 R arb. In Wollweiß weiterstr, dabei in der 63., 67. und 71. R jeweils beidseitig 6 M abnehmen. Noch 3 R str, danach die restlichen 10 M abk.
Das Rückteil wie das Vorderteil arb, dabei jedoch im Zählmuster keine Blüten und Blätter, sondern die Streifen durchgehend str.

Fertigstellen

Die Blumenstiele auf dem Vorderteil in Grasgrün gemäß Zählmuster im Rückstich aufsticken.
Alle Fäden vernähen und beim Einstricken der Blumen eventuell entstandene Löcher zusammenziehen oder zusammennähen.
Vorder- und Rückteil an der Unterkante und den Seitenkanten bis zum Beginn des ersten weißen Streifens mit Matratzenstichen zusammennähen.
Für die Standfläche die Bodenecken abnähen. Dafür das Strickstück wenden, sodass die Innenseite außen liegt. An den Ecken jeweils die Seitennaht auf die Bodennaht legen und die Ecke 6 R vor der weißen Fläche im rechten Winkel zur Seitennaht abnähen (siehe „So wird's gemacht").
Die Kanten an der oberen Rundung von Vorder- und Rückteil bündig aufeinanderlegen. Den Lederriemen mittig zusammenfalten und zwischen die beiden Teile schieben, dabei zeigt die Schlaufe ins Innere des Doorstops, die offenen Kanten liegen bündig mit den Strickkanten. Die Kanten an dieser Stelle von Hand oder mit der Nähmaschine zusammennähen, dabei das Lederband mitfassen. Nun die noch offenen Kanten in Weiß zusammennähen, dabei an einer Seite eine Wendeöffnung lassen.
Den Doorstop wenden und den unteren Bereich mit Füllwatte auskleiden. Das Granulat gleichmäßig auf 3 Plastikbeutel verteilen, die Beutel gut verschließen und in den Doorstop legen. Den Rest des Doorstops locker mit Füllwatte stopfen. Zum Schluss die Öffnung im Matratzenstich schließen.
Zum Filzen den Doorstop bei 40 °C waschen (siehe S. 3). Noch nass in Form ziehen und anschließend trocknen lassen.

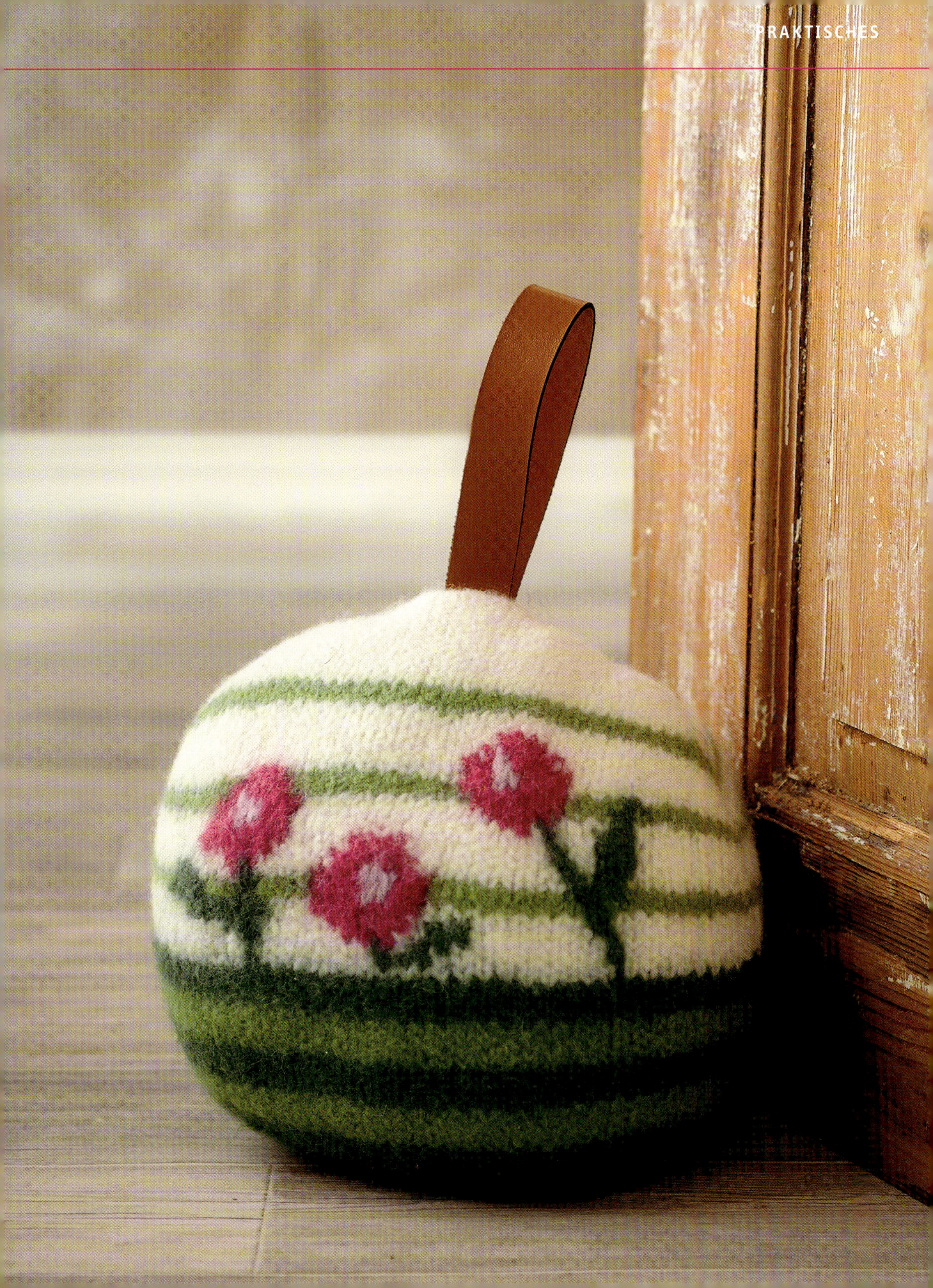

Royal Stripes

rundes Sitzkissen mit Streifenmuster

GRÖSSE
ø ca. 45 cm

MATERIAL
- Lana Grossa Feltro (LL 50 m/ 50 g) in Helltürkis (Fb 90), Royal (Fb 26) und Nachtblau (Fb 05), je 100 g, in Rot (Fb 07), 50 g
- Nadelspiel 8,0 mm
- Rundstricknadel 8,0 mm, 80 cm und 120 cm lang
- Maschenmarkierer

MASCHENPROBE
Glatt rechts
mit Nd 8,0 mm
11 M und 16 R
= 10 cm x 10 cm
(unverfilzt)

Glatt rechts

In Rd alle M rechts str.

Farbfolge

14 Rd in Nachtblau, 2 Rd in Helltürkis, 2 Rd in Rot, 2 Rd je 2 M in Helltürkis und 2 M in Nachtblau im Wechsel, 10 Rd in Royal, 6 Rd in Helltürkis, 4 Rd in Nachtblau, 2 Rd in Rot, 4 Rd in Nachtblau, 6 Rd in Helltürkis, 4 Rd in Royal, 2 Rd in Rot, 2 Rd in Royal, 2 Rd je 2 M in Helltürkis und 2 M in Nachtblau im Wechsel, 2 Rd in Royal, 2 Rd in Rot, 4 Rd in Royal

Anleitung

In Nachtblau 8 M anschl, gleichmäßig auf 4 Nd verteilen (2 M pro Nd) und zur Rd schließen. Den Rd-Anfang mit einem Kontrastfaden oder M-Markierer kennzeichnen. Glatt rechts in Rd gemäß Fb-Folge str und die Zunahmen wie folgt arb:
1. Rd: Jede M verdoppeln (= 16 M).
2. (und jede weitere gerade) Rd: Alle M ohne Zunahme str.
3. Rd: Jede 2. M verdoppeln (= 24 M).
5. Rd: Jede 3. M verdoppeln (= 32 M).
7. Rd: Jede 4. M verdoppeln (= 40 M).
9. Rd: Jede 5. M verdoppeln (= 48 M).
11. Rd: Jede 6. M verdoppeln (= 56 M).
13. Rd: Jede 7. M verdoppeln (= 64 M).
14. Rd: Alle M ohne Zunahme str.
Nach diesem Schema weiterstr, bis 280 M auf der Nd sind, dabei die M zunächst auf die kurze und später auf die lange Rundstricknd heben, wenn die M-Anzahl zu groß wird. Alle M abk und die Fäden vernähen.

Fertigstellen

Zum Filzen das Sitzkissen bei 40 °C waschen (siehe S. 3). Noch nass in Form ziehen und anschließend trocknen lassen.

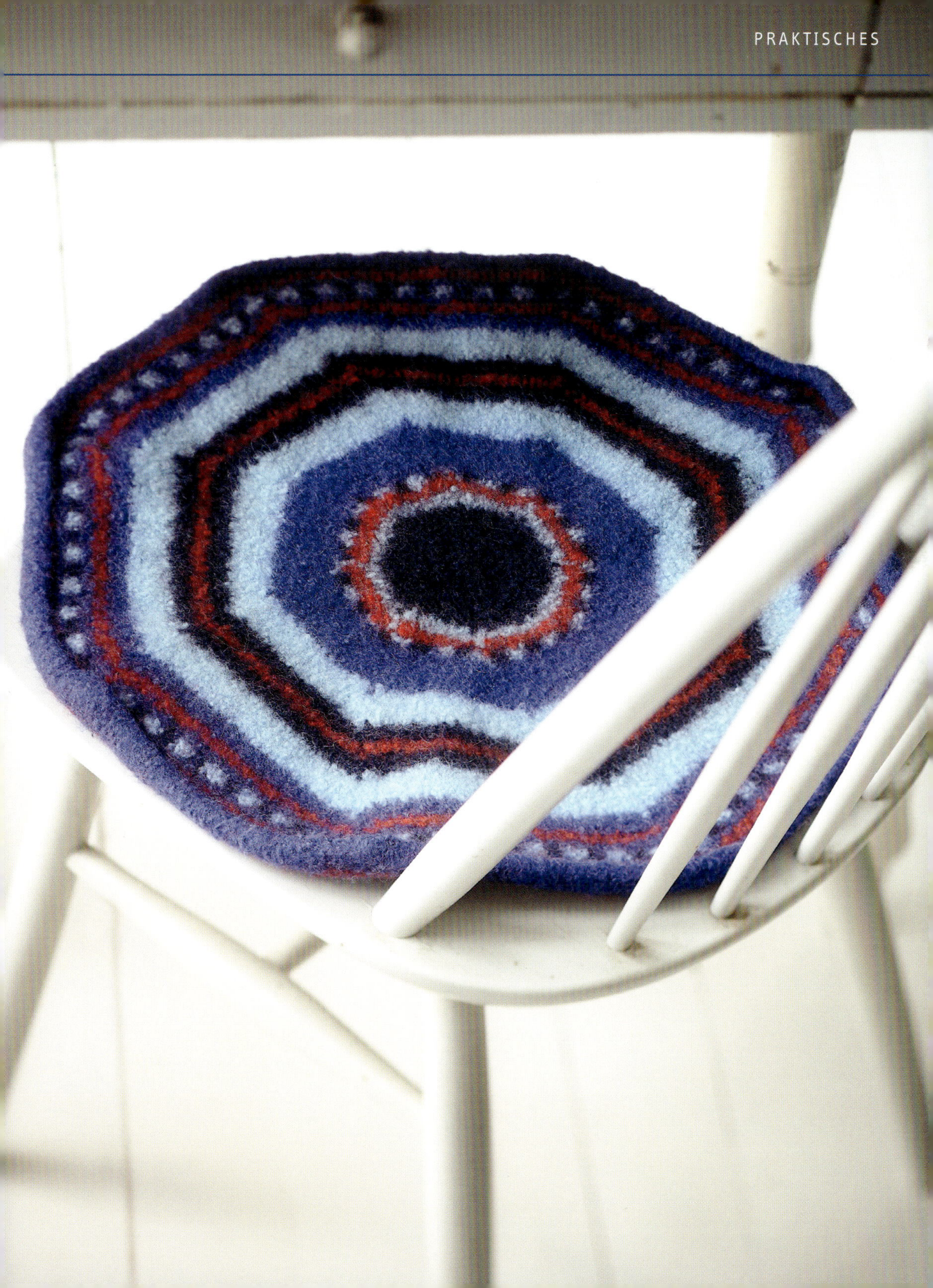

Cosy Cat

Blumenübertopf mit Kuschelfaktor

GRÖSSE
ø (Boden) ca. 14 cm

MATERIAL
- Lana Grossa Feltro (LL 50 m/50 g) in Beige meliert (Fb 24), 200 g, in Braun (Fb 23), 50 g, in Puderrosa (Fb 70), Rest
- 2 Knöpfe in Weiß mit Öse, ø 10 mm
- Füllwatte, 100 g
- Permanentmarker in Schwarz
- Nadelspiel 8,0 mm
- Maschenmarkierer
- reißfester Faden (z. B. Sternzwirn), 2x 30 cm

MASCHENPROBE
Glatt rechts mit Nd 8,0 mm
11 M und 16 R = 10 cm x 10 cm (unverfilzt)

Glatt rechts

In Rd alle M rechts str.

Kraus rechts

In R alle M rechts str.

Farbfolge

2 Rd Braun, 8 Rd Beige meliert im Wechsel str.

Anleitung

Körper (Topf)

In Beige meliert 8 M anschl, gleichmäßig auf 4 Nd verteilen (2 M pro Nd) und zur Rd schließen. Den Rd-Anfang mit einem Kontrastfaden oder M-Markierer kennzeichnen. Glatt rechts in Rd str und die Zunahmen wie folgt arb:
1. Rd: Jede M verdoppeln (= 16 M).
2. (und jede weitere gerade) Rd: Alle M ohne Zunahme str.
3. Rd: Jede 2. M verdoppeln (= 24 M).
5. Rd: Jede 3. M verdoppeln (= 32 M).
7. Rd: Jede 4. M verdoppeln (= 40 M).
9. Rd: Jede 5. M verdoppeln (= 48 M).
11. Rd: Jede 6. M verdoppeln (= 56 M).
13. Rd: Jede 7. M verdoppeln (= 64 M).
15. Rd: Jede 8. M verdoppeln (= 72 M).
17. Rd: Jede 9. M verdoppeln (= 80 M).
18.-28. Rd: Alle M ohne Zunahmen str, dabei in der 29.-50. Rd gemäß Fb-Folge str.
Alle M locker abk und die Fäden vernähen.

Kopf

In Puderrosa 8 M anschl, gleichmäßig auf 4 Nd verteilen (2 M pro Nd) und zur Rd schließen. Den Rd-Anfang mit einem Kontrastfaden oder M-Markierer kennzeichnen. Glatt rechts in Rd str und die Zunahmen wie folgt arb:
1.-6. Rd: Glatt rechts wie beim Körper beschrieben str.
7.-10. Rd (Beige meliert): Wie beim Körper beschrieben str.
Danach 4 Rd ohne Zunahme arb. Den Faden ca. 30 cm lang abschneiden und die M mit einer Nähnadel auffädeln.
Eine ca. 4 cm breite und 3,5 cm hohe Nase gemäß Foto mit Plattstichen auf das Gesicht sticken und darunter einen Mund mit Rückstichen.

Ohr (2x)

In Beige meliert 8 M anschl und 6 R kraus rechts str. Ab der 7. R in den Hinr am Anfang und am Ende der R jeweils 2 M zusammenstr. Die Rückreihen ohne Abnahmen str. Die letzten 2 M auf der Nd zusammenstr, den Faden abschneiden und durchziehen. Die Ohren auf den oberen Teil des Körpers nähen. Dabei können die Endfäden zum Annähen verwendet werden.
Den Kopf leicht mit Füllwatte stopfen, den Faden zusammenziehen, um die Öffnung zu schließen, und den Kopf mit dem Faden über den Ohren auf dem Körper annähen.

Weiter geht es auf Seite 24 ...

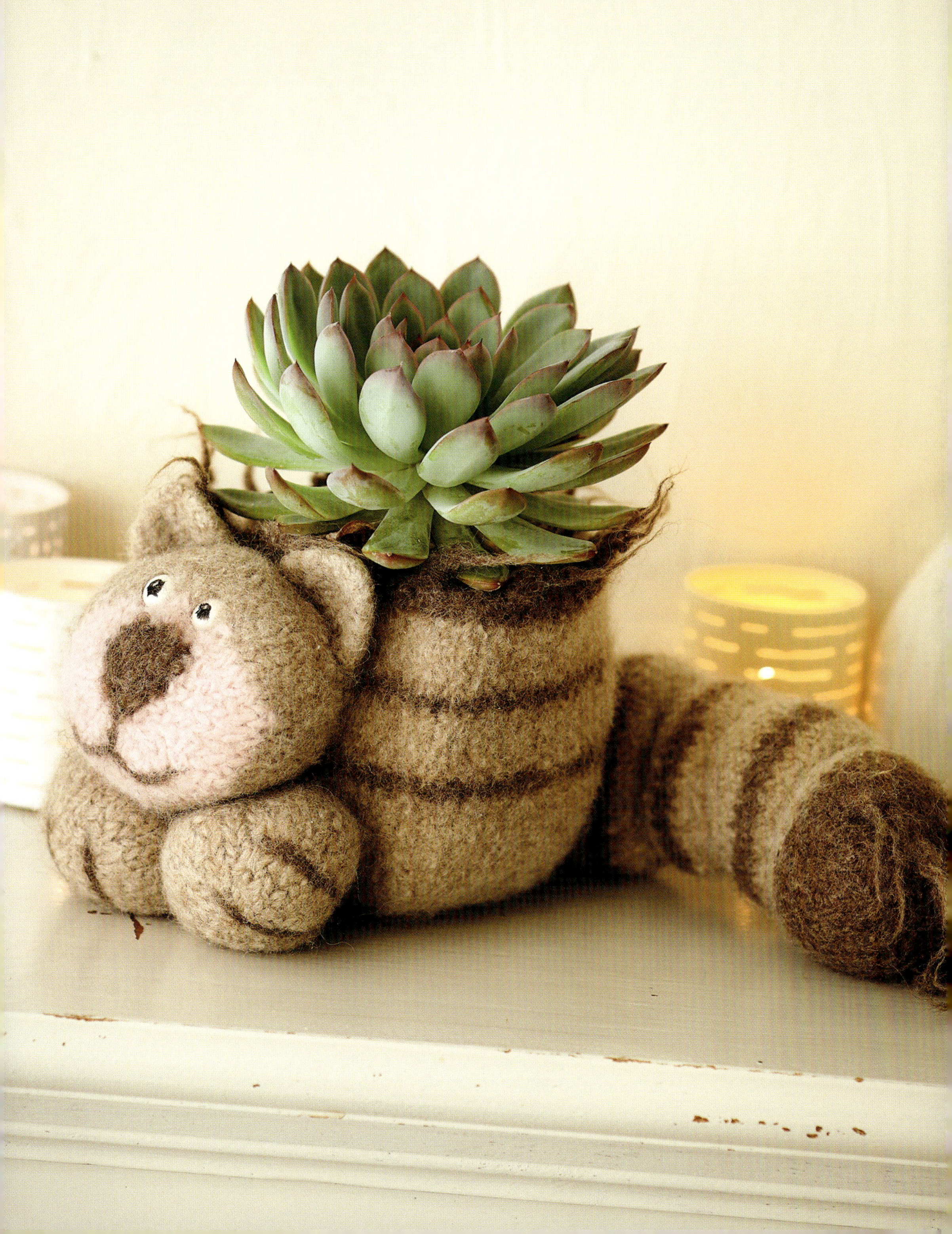

Pfote (2x)

In Beige meliert 8 M anschl, gleichmäßig auf 4 Nd verteilen (2 M pro Nd) und zur Rd schließen. Den Rd-Anfang mit einem Kontrastfaden oder M-Markierer kennzeichnen. Glatt rechts in Rd str und die Zunahmen wie folgt arb:
1. Rd: Jede M verdoppeln (= 16 M).
2. (und jede weitere gerade) Rd: Alle M ohne Zunahme str.
3. Rd: Jede 2. M verdoppeln (= 24 M).
5. Rd: Jede 3. M verdoppeln (= 32 M).
6.-11. Rd: Alle M ohne Zunahmen str.
Den Faden abschneiden und die M mit einer Nähnd auffädeln. Den Anfangsfaden vernähen und dabei die Öffnung schließen. Die Pfote leicht mit Füllwatte stopfen, danach am Faden ziehen, um die Öffnung zu schließen. Die Pfoten unter dem Kopf auf den Körper nähen. Darauf achten, dass sie oberhalb der Bodenfläche des Topfs angenäht werden. Mit Garn in Braun die Krallen aufsticken.

Schwanz

In Braun 8 M anschl, gleichmäßig auf 4 Nd verteilen (2 M pro Nd) und zur Rd schließen. Den Rd-Anfang mit einem Kontrastfaden oder M-Markierer kennzeichnen. Glatt rechts in Rd str und die Zunahmen wie folgt arb:
1. Rd: Jede M verdoppeln (= 16 M).
2. (und jede weitere gerade) Rd: Alle M ohne Zunahme str.
3. Rd: Jede 2. M verdoppeln (= 24 M).
5. Rd: Jede 3. M verdoppeln (= 32 M).
6.-16. Rd: Alle M ohne Zunahmen str.
Weiter glatt rechts in folgender Fb-Folge str: * 8 Rd Beige meliert, 2 Rd Braun, ab * 2x wdh. Zum Schluss 8 Rd in Beige str. Den Arbeitsfaden abschneiden und die M mit einer Nähnd auffädeln. Den Anfangsfaden vernähen und dabei die Öffnung schließen. Den Schwanz leicht mit Füllwatte stopfen.
In allen beigefarbenen Streifen jeweils ein kurzes Stück Wolle um den Schwanz legen, verknoten und den Faden leicht anziehen, sodass der Schwanz beim Filzen in Form bleibt.
Den Schwanz mit Matratzenstichen hinten seitlich an den Übertopf nähen.
Aus der restlichen braunen Wolle ca. 15 cm lange Fäden schneiden, an der Oberkante des Topfs und am Schwanzende einziehen und in ca. 6 cm Länge gleichmäßig abschneiden.

Fertigstellen

Zum Filzen den Übertopf bei 40 °C waschen (siehe S. 3). Noch nass in Form ziehen und anschließend trocknen lassen.
Für die Augen die Knöpfe am Kopf annähen. Dafür einen reißfesten Faden auf eine Nähnd fädeln, jeweils von der Innenseite des Übertopfs durch den Kopf nach außen stechen, den Knopf auffädeln und den Faden knapp neben dem Fadenanfang wieder ins Innere des Übertopfs zurückstechen. Die Fadenenden fest miteinander verknoten, dabei die Schnauze etwas formen.
Die Pupillen mit Permanentmarker auf die Knöpfe malen.

Precious Pots

hübsch gemusterte Töpfe

GRÖSSE

Topf mit Fransen ø 10 cm, 8 cm hoch

Geringelter Topf ø 15 cm, 13 cm hoch

Topf mit Jacquardmuster ø 18 cm, 17 cm hoch

MATERIAL

- Nadelspiel 8,0 mm
- Maschenmarkierer

TOPF MIT JACQUARD-MUSTER

- Woll Butt Filzwolle (LL 50 m/50 g) in Pflaume (Fb 10284) und Wollweiß (Fb 21926), je 50 g
- Rundstricknadel 8,0 mm, maximal 60 cm lang

GERINGELTER TOPF

- Woll Butt Filzwolle (LL 50 m/50 g) in Wollweiß (Fb 21926), 100 g, in Pflaume (Fb 10284), 50 g oder Rest

TOPF MIT FRANSEN

- Woll Butt Filzwolle (LL 50 m/50 g) in Pflaume (Fb 10284), 50 g, in Wollweiß (Fb 21926), Rest

MASCHENPROBE

Glatt rechts mit Nd 8,0 mm
11 M und 16 R = 10 cm x 10 cm
(unverfilzt)

ZÄHLMUSTER

Vorlagenbogen 1

Glatt rechts

In Rd alle M rechts str.

Kraus rechts

In Rd 1 Rd rechte M, 1 Rd linke M im Wechsel str.

Jacquardmuster

Glatt rechts in Rd nach dem Zählmuster arb (siehe „So wird's gemacht").

Farbfolge

4 Rd in Wollweiß, 2 Rd in Pflaume,
8 Rd in Wollweiß, 2 Rd in Pflaume,
8 Rd in Wollweiß, 2 Rd in Pflaume,
8 Rd in Wollweiß

Weiter geht es auf Seite 26 ...

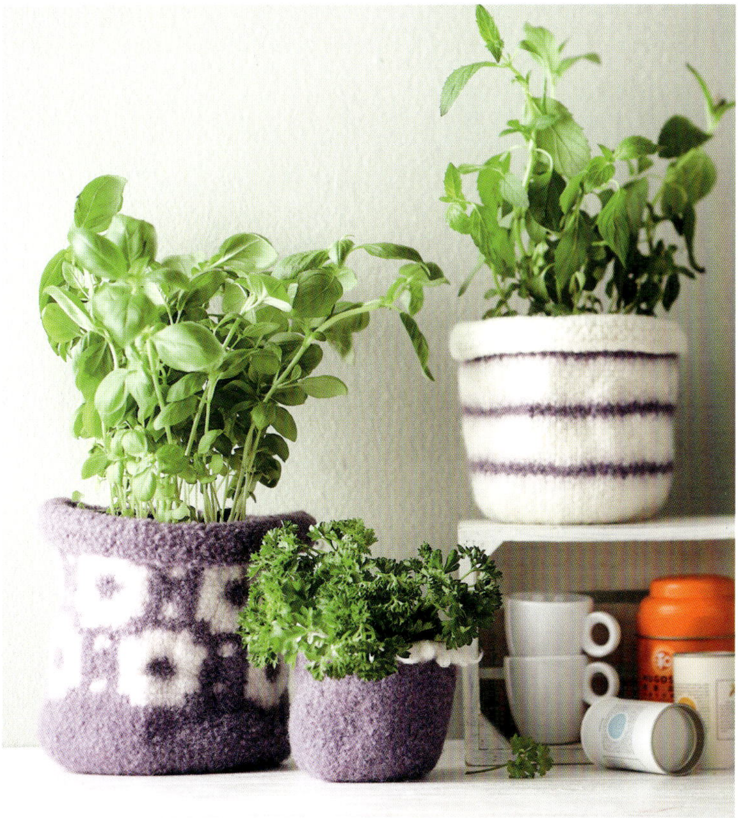

Topf mit Jacquardmuster

In Pflaume 8 M anschl, gleichmäßig auf 4 Nd verteilen (2 M pro Nd) und zur Rd schließen. Den Rd-Anfang mit einem Kontrastfaden oder M-Markierer kennzeichnen. Glatt rechts in Rd str und die Zunahmen wie folgt arb:

1. Rd: Jede M verdoppeln (= 16 M).
2. (und jede weitere gerade) Rd: Alle M ohne Zunahme str.
3. Rd: Jede 2. M verdoppeln (= 24 M).
5. Rd: Jede 3. M verdoppeln (= 32 M).
7. Rd: Jede 4. M verdoppeln (= 40 M).
9. Rd: Jede 5. M verdoppeln (= 48 M).
11. Rd: Jede 6. M verdoppeln (= 56 M).
13. Rd: Jede 7. M verdoppeln (= 64 M).
15. Rd: Jede 8. M verdoppeln (= 72 M).
17. Rd: Jede 9. M verdoppeln (= 80 M).
18. Rd: Alle M ohne Zunahmen str.

Anschließend die M auf die Rundstricknd heben und ohne Zunahmen 10 Rd in Pflaume str. Dann 24 Rd glatt rechts im Jaquardmuster arb, dabei den Rapport 5x str. Danach 10 Rd in Pflaume glatt rechts str und zum Schluss 6 Rd kraus rechts str. Alle M locker abk und die Fäden vernähen.

Geringelter Topf

In Pflaume 8 M anschl, gleichmäßig auf 4 Nd verteilen (2 M pro Nd) und zur Rd schließen. Den Rd-Anfang mit einem Kontrastfaden oder M-Markierer kennzeichnen. Glatt rechts in Rd str und die Zunahmen in der 1.-13. Rd wie beim Topf mit Jacquardmuster arb. In der 14. Rd alle M ohne Zunahme str. Anschließend ohne Zunahme 34 Rd glatt rechts in der Fb-Folge str. Zum Schluss 1 Rd linke M, 1 Rd rechte M und 1 Rd linke M str. Alle M locker abk und die Fäden vernähen.

Topf mit Fransen

In Pflaume 8 M anschl, gleichmäßig auf 4 Nd verteilen (2 M pro Nd) und zur Rd schließen. Den Rd-Anfang mit einem Kontrastfaden oder M-Markierer kennzeichnen. Glatt rechts in Rd str und die Zunahmen in der 1.-9. Rd wie beim Topf mit Jacquardmuster arb. In der 10. Rd alle M ohne Zunahme str. Danach 20 Rd in Pflaume str. Zum Schluss 1 Rd in Weiß str und alle M abk. Die Fäden vernähen. Am oberen Rand in jede 2. M 1 Franse in Weiß einziehen und in ca. 1 cm Länge abschneiden (siehe „So wird's gemacht").

Fertigstellen

Zum Filzen die Töpfe bei 40 °C waschen (siehe S. 3). Noch nass in Form ziehen und anschließend trocknen lassen.

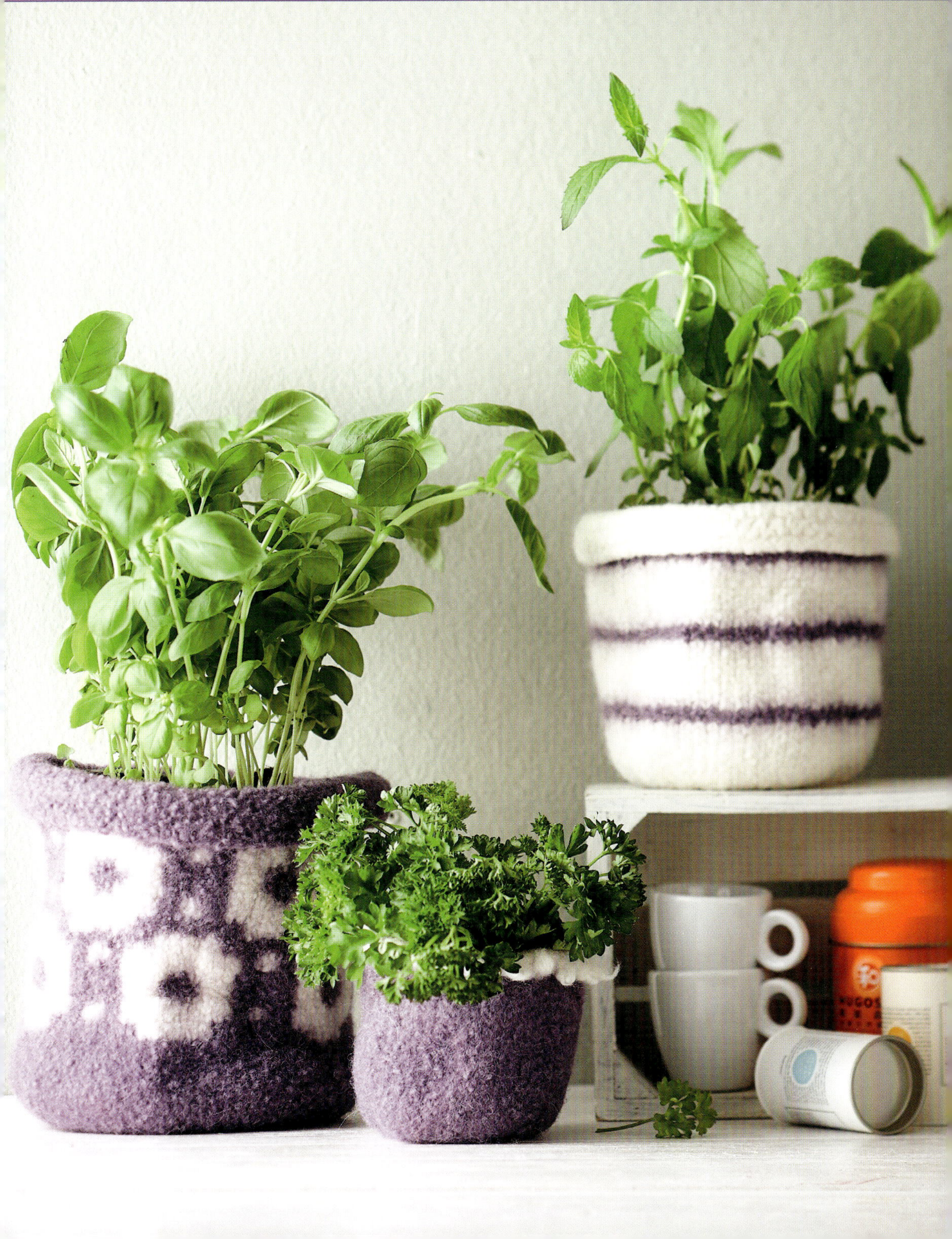

Muster und Farben ergeben eine perfekte Harmonie.

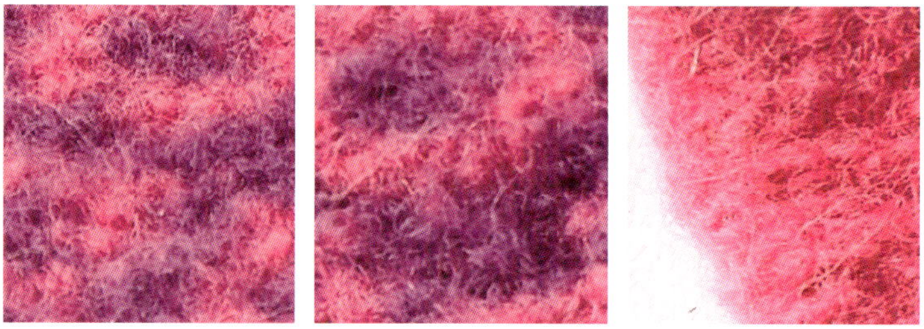

Hot Stuff

Topfuntersetzer mit Jacquardmuster

GRÖSSE

25 cm x 25 cm

MATERIAL

- Schachenmayr Wash+Filz-it! (LL 50 m/50 g) in Pink (Fb 11), 100 g, in Pflaume (Fb 26), 50 g
- Stricknadeln 8,0 mm

MASCHENPROBE

Glatt rechts mit Nd 8,0 mm 11 M und 16 R = 10 cm x 10 cm (unverfilzt)

ZÄHLMUSTER

Vorlagenbogen 1

Bundmuster

Kraus rechts (in R alle M rechts) str.

Jacquardmuster

Glatt rechts in R nach dem Zählmuster arb (siehe „So wird's gemacht").

Anleitung

In Pink 47 M anschl und 10 R im Bundmuster str. Anschließend 40 R in folgender Einteilung str: 8 M Bundmuster in Pink, den Jacquard-muster-Rapport 3x str (= 30 M), die M nach dem Rapport str, 8 M Bundmuster in Pink. In der 51. R die 1. Muster-R des Zählmusters str. In der nächsten R (= Rückr) alle M links in Pink str. Zum Schluss 10 R im Bundmuster arb. Alle M abk und die Fäden vernähen.

Fertigstellen

Zum Filzen den Untersetzer bei 40 °C waschen (siehe S. 3). Noch nass in Form ziehen und anschließend trocknen lassen.

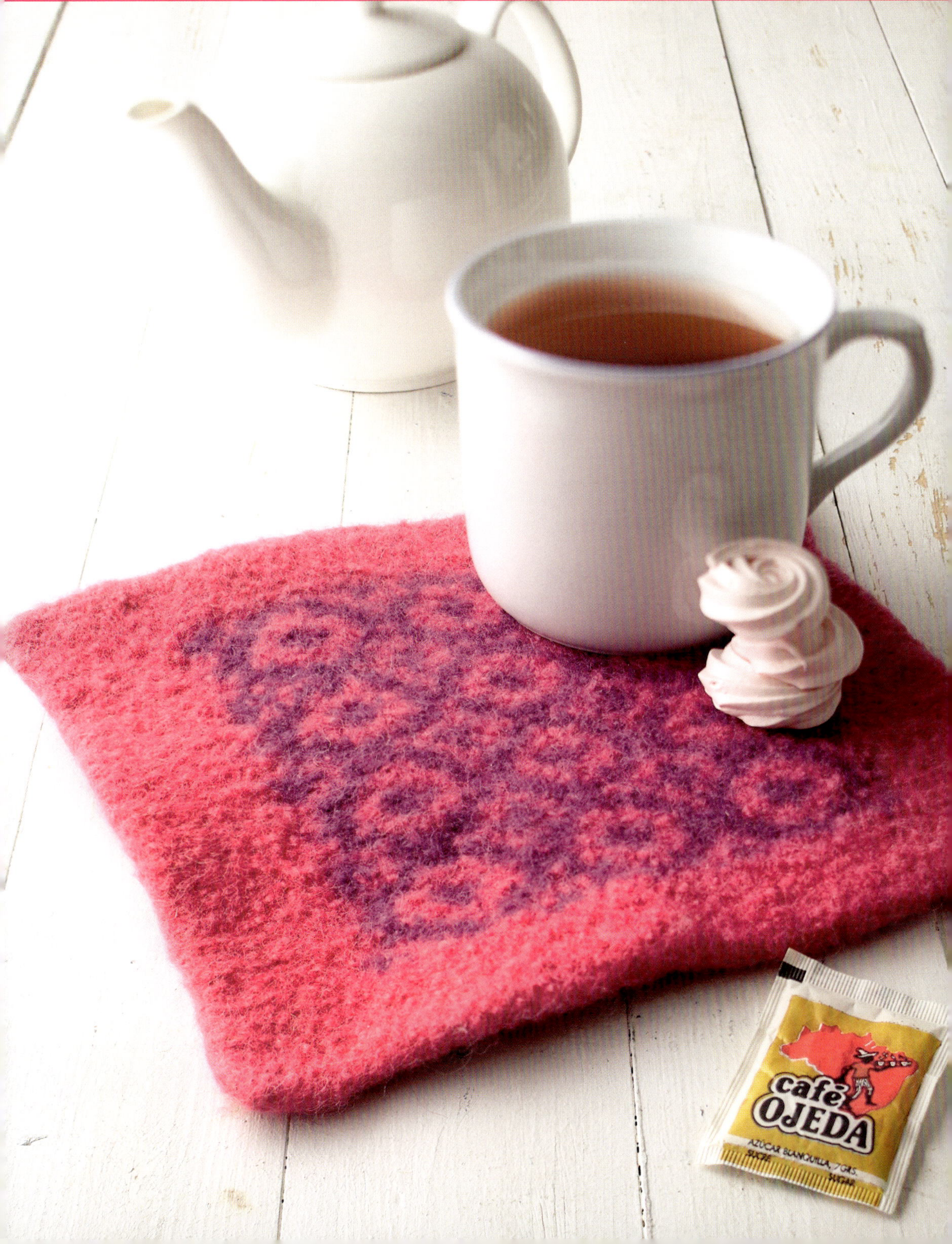
café
OJEDA

Großer Shopper

Einkaufstasche mit umgeschlagenem Rand

GRÖSSE
42 cm x 20 cm, 42 cm hoch (inkl. Umschlag)

MATERIAL
- Lana Grossa Feltro (LL 50 m/ 50 g) in Oliv (Fb 21), 600 g, in Dunkelgrau meliert (Fb 04), 300 g, in Kanariengelb (Fb 94), 200 g, in Dottergelb (Fb 78), 150 g, in Mandarin (Fb 80), 100 g
- 2 Lederriemen für Taschen in Braun (inkl. 8 Chicago-Schrauben), 2,5 cm breit, 50 cm lang
- Rundstricknadel 8,0 mm, 100-120 cm lang
- Maschenmarkierer

MASCHENPROBE
Glatt rechts mit Nd 8,0 mm
11 M und 16 R = 10 cm x 10 cm (unverfilzt)

ZÄHLMUSTER
Vorlagenbogen 2

Kraus rechts

In R alle M rechts str

Glatt rechts

In Rd alle M rechts str.

Jacquardmuster

Glatt rechts in Rd nach dem Zählmuster arb (siehe „So wird's gemacht").

Anleitung

Für den Boden in Oliv 85 M anschl und 70 R kraus rechts str. Danach M auffassen wie folgt: 35 M an einer schmalen Seitenkante, 85 M an der Anschlagskante, 35 M an der 2. schmalen Seitenkante (= 240 M). Die M zur Rd schließen und den Rd-Anfang mit einem M-Markierer oder einem Kontrastfaden kennzeichnen.
10 Rd glatt rechts str. Dann 48 Rd das Jacquardmuster arb, dabei den Rapport von 20 M fortlaufend wdh. Danach 6 Rd in Oliv str.
Die Arbeit wenden, sodass die linke Seite nach außen zeigt und sich die Strickrichtung ändert (es werden nun rechte M über die linken M der Innenseite gestrickt). Glatt rechts in Rd in folgender Fb-Folge arb: * 4 Rd Mandarin, 6 Rd Dottergelb, 10 Rd Kanariengelb, ab * 1x wdh, 4 Rd Mandarin, 6 Rd Dottergelb, 1 Rd Kanariengelb. Alle M abk.

Fertigstellen

Alle Fäden vernähen. Zum Filzen die Tasche bei 40 °C waschen (siehe S. 3). Noch nass in Form ziehen, den oberen Rand nach außen legen und anschließend trocknen lassen.
Die Lederriemen als Griffe anbringen, dabei die Riemenenden mit 13 cm Abstand voneinander an der Oberkante der Tasche mit jeweils 2 Schrauben befestigen.

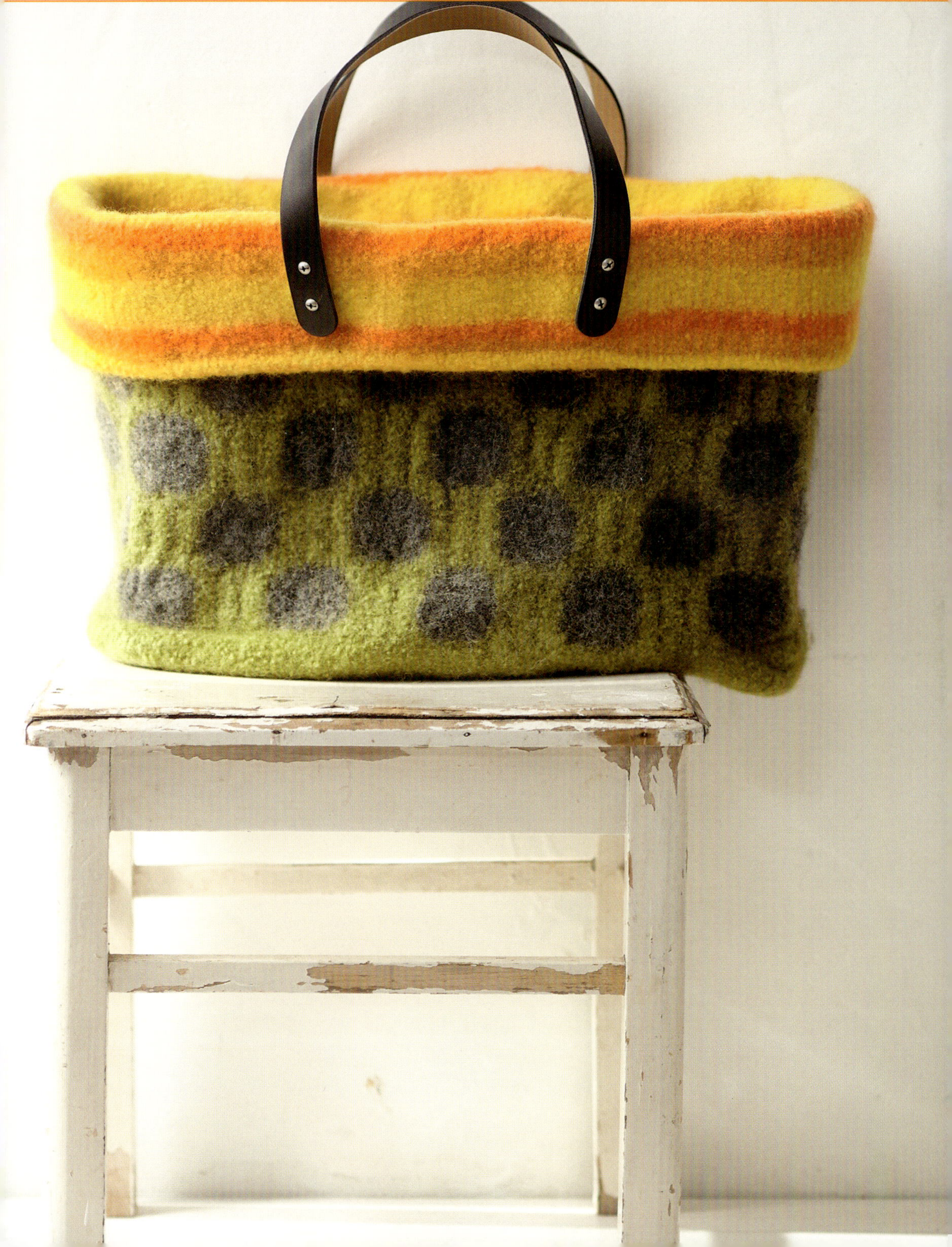

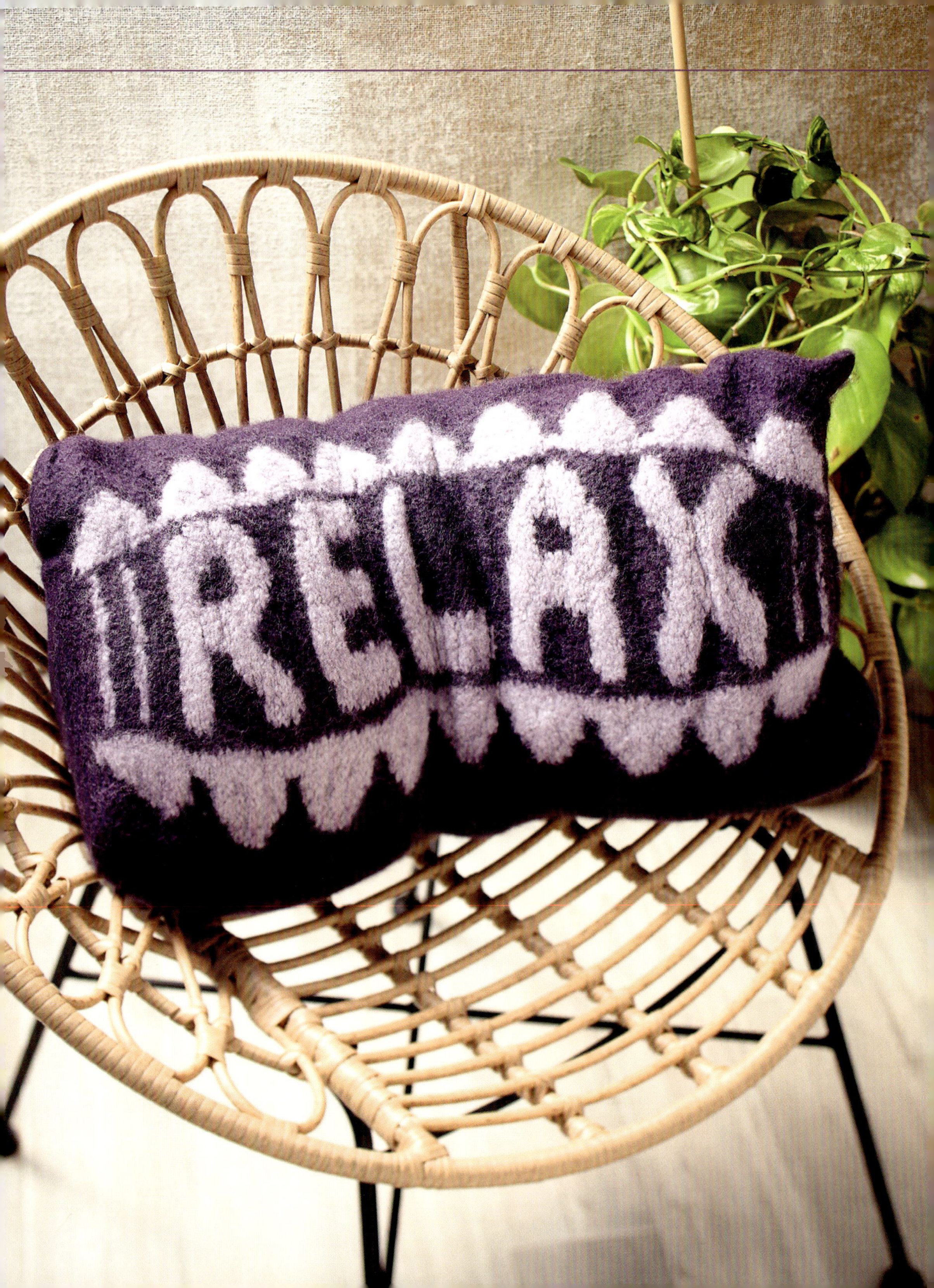
RELAX

Relax

Kissen mit Jacquardmuster

GRÖSSE
60 cm x 33 cm

MATERIAL
- Lana Grossa Feltro (LL 50 m/50 g) in Aubergine (Fb 100), 550 g, in Flieder (Fb 99), 150 g
- Füllwatte, 600 g
- Rundstricknadel 8,0 mm, 80 cm lang

MASCHENPROBE
Glatt rechts
mit Nd 8,0 mm
11 M und 16 R
= 10 cm x 10 cm
(unverfilzt)

ZÄHLMUSTER
Vorlagenbogen 1

Glatt rechts

In Hinr rechte M, in Rückr linke M str.

Jacquardmuster

Glatt rechts in R nach dem Zählmuster arb (siehe „So wird's gemacht").

Glatt links

In Hinr linke M, in Rückr rechte M str.

Anleitung

Vorder- und Rückenteil werden in einem Stück, also zusammenhängend gearbeitet. Für das Vorderteil 110 M in Aubergine anschl und 20 R glatt rechts str. Anschließend das Jacquardmuster über 38 R arb. Danach 20 R in Aubergine glatt rechts str. Zum Schluss 2 R glatt links str.
Nun mit dem Rückenteil beginnen. Dazu 78 R glatt rechts in Aubergine str. Zum Schluss 2 R glatt links arb. Alle M locker abk. Die Fäden vernähen, dabei beim Farbwechsel eventuell entstandene Löcher zusammenziehen oder zusammennähen.

Fertigstellen

Die Anschlag- und Abkett-R im Matratzenstich zusammennähen. Das Kissen so zusammenlegen, dass der Umbruch jeweils an den beiden glatt links gestrickten R ist. Die Seitenkanten mit Matratzenstich zusammennähen, dabei auf einer Seite eine Öffnung lassen. Die Füllwatte gleichmäßig im Kissen verteilen. Die Öffnung mit Matratzenstich schließen. Zum Filzen das Kissen bei 40 °C waschen (siehe S. 3). Noch nass in Form ziehen und anschließend trocknen lassen.

Unser Tipp für Sie

Variante Wenn Sie das Rückenteil in einer anderen Farbe stricken möchten, benötigen Sie dafür 350 g Wolle. Die Menge der Wolle in Aubergine reduziert sich dann auf 200 g.

Bubble Bowl

Schale mit Noppen

GRÖSSE

ø 21 cm, 17 cm hoch

MATERIAL

- Buttinette Filzwolle (LL 50 m/50 g) in Petrol (Fb 21933), 150 g, in Mint (Fb 11552), 100 g
- Nadelspiel 7,0 mm
- Rundstricknadel 7,0 mm, 60 cm lang
- Maschenmarkierer

MASCHENPROBE

Glatt rechts
mit Nd 8,0 mm
11 M und 16 R
= 10 cm x 10 cm
(unverfilzt)

Glatt rechts

In Hinr rechte M, in Rückr linke M str, in Rd alle M rechts str.

Bundmuster

1 M rechts, 1 M links im Wechsel str.

Noppenmuster

Die M rechts str und nach jeder 6. M eine Noppe wie folgt arb: 5 M aus dem Querfaden herausstr, dafür abwechselnd von vorne und hinten einstechen. Die Arbeit wenden und die 5 Noppen-M links str. 4 R glatt rechts über diese Noppen-M str, dabei nach den 5 M jeweils die Arbeit wenden. Die Arbeit erneut wenden und alle 5 Noppen-M rechts zusammenstr. Die folgende M rechts str und die Noppen-M über die eben gestrickte M heben. 6 M str und die nächste Noppe wie beschrieben arb. Bis zum Ende der Rd wdh (= 16 Noppen).

Anleitung

In Petrol 8 M anschl, gleichmäßig auf 4 Nd verteilen (2 M pro Nd) und zur Rd schließen. Den Rd-Anfang mit einem Kontrastfaden oder M-Markierer kennzeichnen. Glatt rechts in Rd str und die Zunahmen wie folgt arb:

1. Rd: Jede M verdoppeln (= 16 M).
2. (und jede weitere gerade) Rd: Alle M ohne Zunahme str.
3. Rd: Jede 2. M verdoppeln (= 24 M).
5. Rd: Jede 3. M verdoppeln (= 32 M).
7. Rd: Jede 4. M verdoppeln (= 40 M).
9. Rd: Jede 5. M verdoppeln (= 48 M).
11. Rd: Jede 6. M verdoppeln (= 56 M).
13. Rd: Jede 7. M verdoppeln (= 64 M).
15. Rd: Jede 8. M verdoppeln (= 72 M).
17. Rd: Jede 9. M verdoppeln (= 80 M).
19. Rd: Jede 10. M verdoppeln (= 88 M).
21. Rd: Jede 11. M verdoppeln (= 96 M).

Die M auf die Rundstrickd heben und 10 Rd glatt rechts ohne Zunahme str.

Danach 1 Noppen-Runde in Petrol mit Noppen in Mint str. Dafür den Noppen-Faden auf der Innenseite des Strickstücks locker von Noppe zu Noppe mitführen. Anschließend wie folgt weiterarb: 5 Rd in Petrol, 5 Rd in Mint, 1 Noppen-Runde in Mint mit Noppen in Petrol, 5 Rd in Mint, 5 Rd in Petrol, 1 Noppen-Runde in Petrol mit Noppen in Mint, 5 Rd in Petrol.

Fertigstellen

Je 16 Fäden (ca. 15 cm lang) in Mint und Petrol zurechtschneiden und die beiden Farben abwechselnd als Fransen in den Rand der Schale einziehen. Dabei liegen die Fransen in Petrol über den Noppen und die Fransen in Mint dazwischen. Die Fransen auf ca. 7 cm kürzen.

Zum Filzen die Schale bei 40 °C waschen (siehe S. 3). Anschließend in Form ziehen und trocknen lassen.

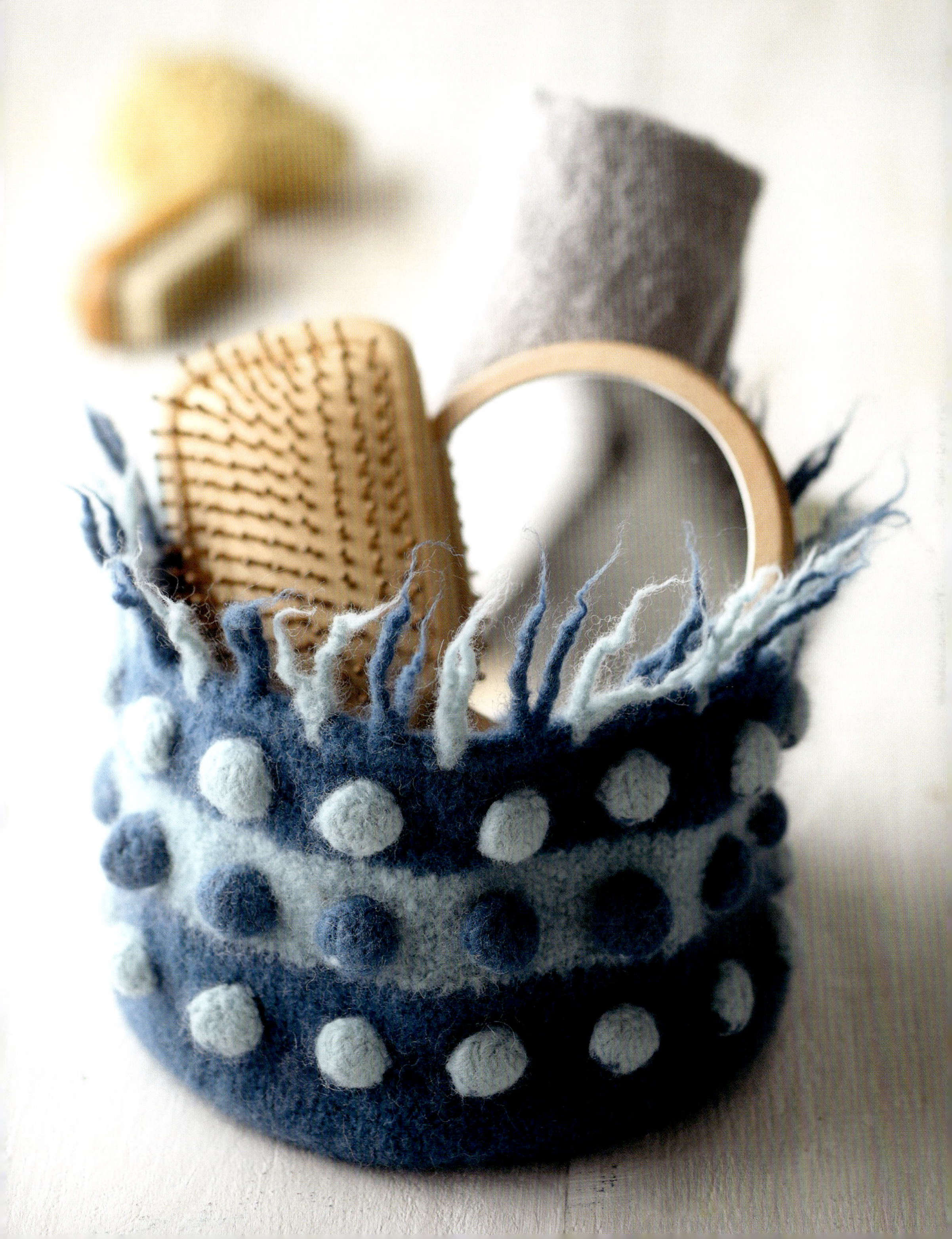

Süße Schweinchen

bringen Glück ins Haus

GRÖSSE
9 cm hoch

MATERIAL
- Lana Grossa Feltro (LL 50 m/50 g) in Puderrosa (Fb 70), 50 g
- Füllwatte, Rest
- Sticktwist in Pink, Rest
- 2 Perlen in Schwarz, ø 6 mm
- Nadelspiel 7,0 mm
- Sticknadel
- Textilkleber
- Maschenmarkierer

Hinweis: 50 g Wolle ergeben ein Schweinchen.

MASCHENPROBE
Glatt rechts
mit Nd 7,0 mm
11 M und 16 R
= 10 cm x 10 cm
(unverfilzt)

Glatt rechts

In Rd alle M rechts str.

Kraus rechts

In Hinr und Rückr rechte M str.

Anleitung

Körper

8 M anschl, gleichmäßig auf 4 Nd verteilen (2 M pro Nd) und zur Rd schließen. Den Rd-Anfang mit einem Kontrastfaden oder M-Markierer kennzeichnen. Glatt rechts in Rd str und die Zunahmen wie folgt arb:
1. Rd: Jede M verdoppeln (= 16 M).
2. (und jede weitere gerade) Rd: Alle M ohne Zunahme str.
3. Rd: Jede 2. M verdoppeln (= 24 M).
5. Rd: Jede 3. M verdoppeln (= 32 M).
7. Rd: Jede 4. M verdoppeln (= 40 M).
8.-18. Rd: Alle M ohne Zunahme str.
19. Rd: Die 2.+3. sowie 8.+9. M jeder Nd zusammenstr (= 32 M).
20. (und jede weitere gerade) Rd: Alle M ohne Abnahmen str.
21. Rd: Die 2.+3. sowie 6.+7. M jeder Nd zusammenstr (= 24 M).
23. Rd: Die 2.+3. sowie 4.+5. M jeder Nd zusammenstr (= 16 M).
25. Rd: Jeweils 2 M zusammenstr (= 8 M).
26. Rd: Alle M ohne Abnahme str.
Den Endfaden abschneiden und die M mit einer Nähnd auffädeln. Den Körper durch die Öffnung leicht mit Füllwatte stopfen. Am Faden ziehen, um die Öffnung zu schließen. Den Faden vernähen.

Rüssel

8 M anschl, gleichmäßig auf 4 Nd verteilen (2 M pro Nd) und zur Rd schließen. Den Rd-Anfang mit einem Kontrastfaden oder M-Markierer kennzeichnen. Glatt rechts in Rd str und die Zunahmen wie folgt arb:
1. Rd: Jede M verdoppeln (= 16 M).
2.-6. Rd: Alle M ohne Zunahmen str.
Alle M locker abk und den Anfangsfaden so vernähen, dass keine Öffnung mehr im Rüssel ist. Den Rüssel mit Füllwatte leicht stopfen und mit Matratzenstich mittig auf das Gesicht nähen.
Alle M locker abk und den Anfangsfaden vernähen, dabei die kleine Öffnung schließen.

Ohren (2x)

6 M anschl und 9 R kraus rechts str, dabei in der 5. R die 1.+2. sowie 5.+6. M zusammenstr (= 4 M), in der 7. R je 2 M zusammenstr (= 2 M) und in der 9. R die letzten beiden M zusammenstr. Den Endfaden vernähen und die Ohren mit dem Anfangsfaden im Matratzenstich seitlich am Kopf annähen.

Fertigstellen

Für den Schwanz 2 jeweils 35 cm lange Fäden zurechtschneiden, unten seitlich als Fransen einziehen und einen ca. 10 cm langen Zopf damit flechten, dafür an einem Strang 2 Fäden benutzen. Für die Haare 3 jeweils 10 cm lange Fäden als Fransen einziehen und auf ca. 4 cm Länge kürzen.
Zum Filzen das Schweinchen bei 40 °C waschen (siehe S. 3). Noch nass in Form ziehen und anschließend trocknen lassen. Die Halbperlen als Augen aufkleben und mit Sticktwist in Pink Nasenlöcher aufsticken.

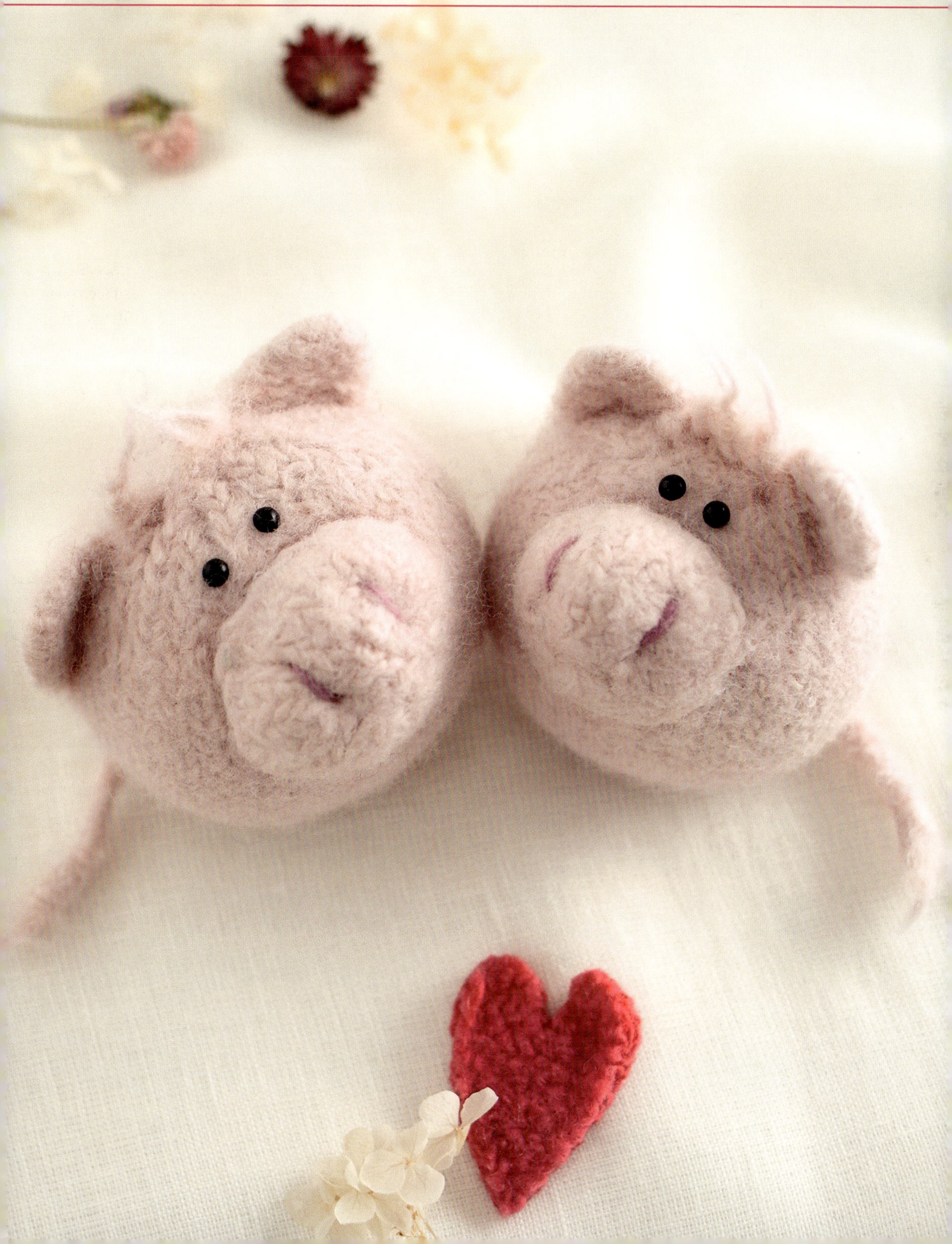

Durch das Lochmuster entsteht ein stimmungsvolles Lichtspiel.

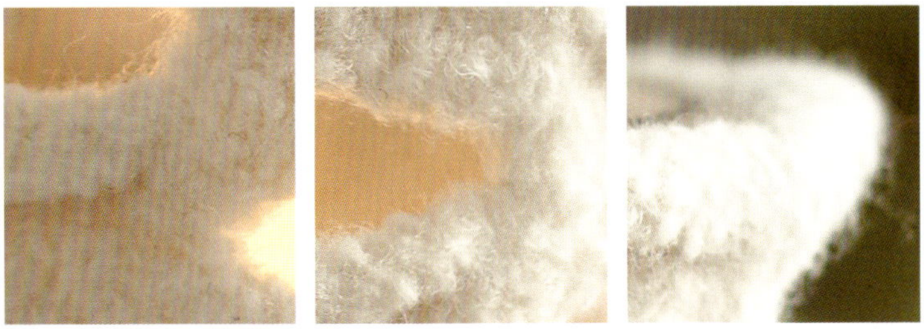

Moody Light

Lochmusterhülle für ein Kerzenglas

GRÖSSE
ø 12 cm, 14 cm hoch

MATERIAL
- Schachenmayr Wash+ Filz-it! Fine (LL 100 m/50 g) in Natur (Fb 102), 100 g
- Rundstricknadel 5,0 mm, 60 cm lang
- Kerzenglas, ø 11 cm, 14 cm hoch
- Maschenmarkierer

MASCHENPROBE
Glatt rechts mit Nd 5,0 mm
16 M und 22 R = 10 cm x 10 cm
(unverfilzt)

Glatt rechts

In Rd alle M rechts str.

Lochmuster

1. Rd: * 10 M rechts, 10 M abk, ab * fortlaufend wdh.
2. Rd: * 10 M rechts, 10 M neu anschl, ab * fortlaufend wdh.
3.-7. Rd: Alle M rechts str.
8. Rd: * 10 M abk, 10 M rechts, ab * fortlaufend wdh.
9. Rd: * 10 M neu anschl, 10 M rechts, ab * fortlaufend wdh.
10.-14. Rd: Alle M rechts str.

Anleitung

100 M anschl und zur Rd schließen. Den Rd-Anfang mit einem Kontrastfaden oder M-Markierer kennzeichnen.
10 Rd glatt rechts str. Das Lochmuster 3x über 42 Rd arb. 10 Rd glatt rechts str. Alle M abk und die Fäden vernähen.

Fertigstellen

Zum Filzen die Hülle bei 40 °C waschen (siehe S. XX). Noch nass über das Kerzenglas ziehen und anschließend trocknen lassen.

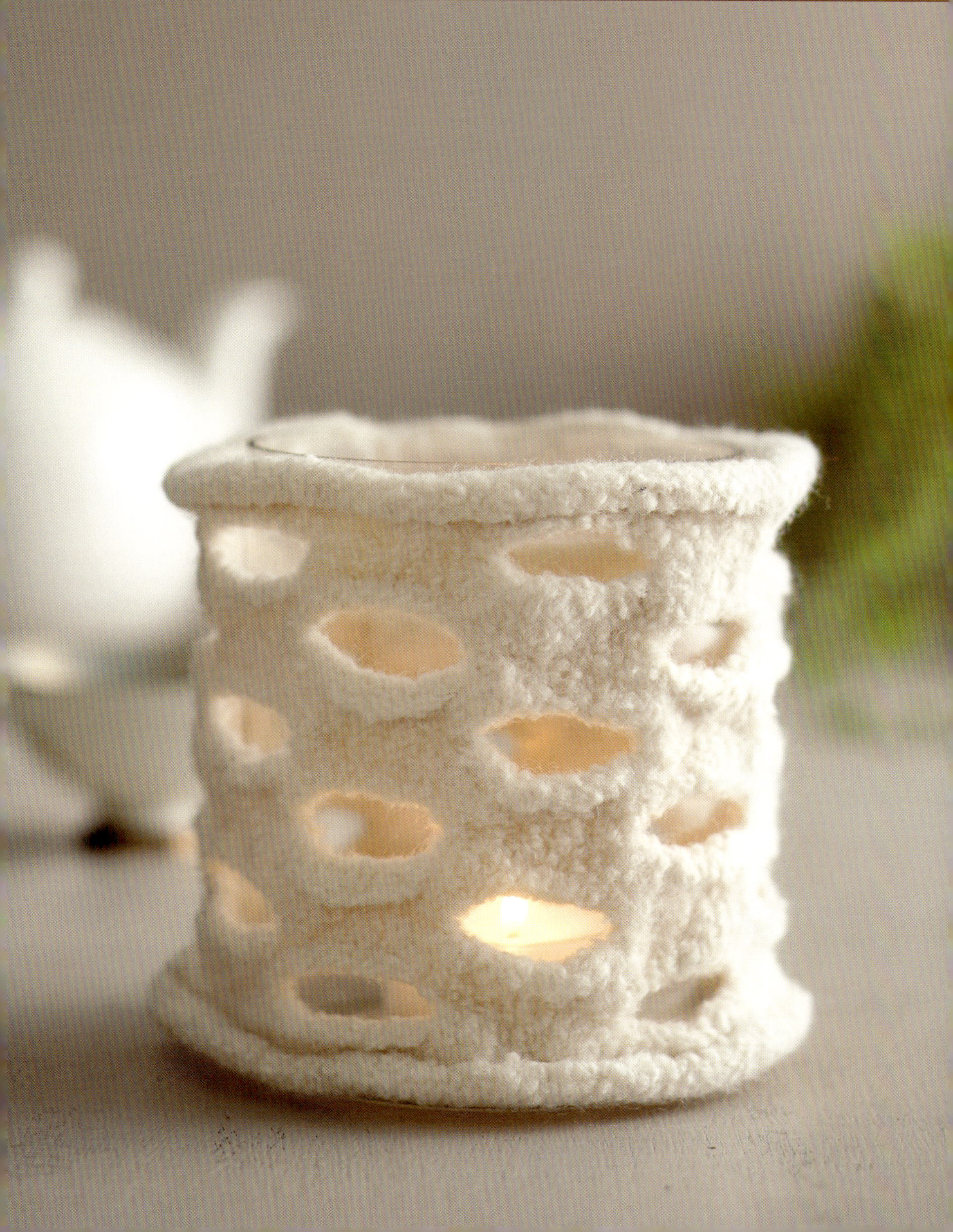

Das Jacquardmuster kommt in Farbkontrasten gut zur Geltung.

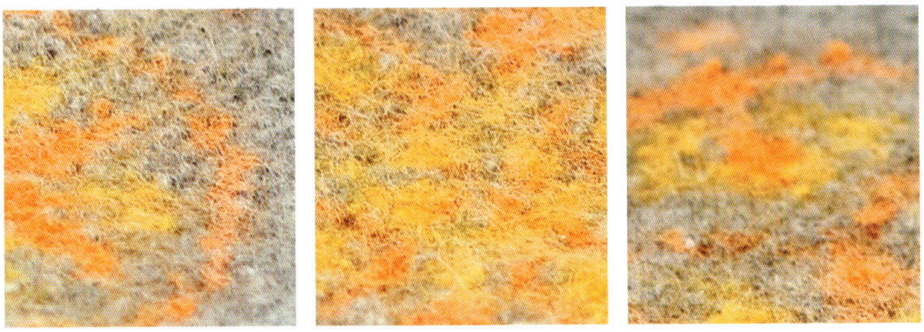

Soft Cover

Hockerbezug mit edlem Muster

GRÖSSE
33 cm x 33 cm

MATERIAL
- Lana Grossa Feltro, (LL 50 m/50 g) in Grau meliert (Fb 03), 300 g, in Sonne (Fb 78) und Orange (Fb 80), je 50 g
- Rundstricknadel 8,0 mm, 80 cm und 120 cm lang

MASCHENPROBE
Glatt rechts mit Nd 8,0 mm 11 M und 16 R = 10 cm x 10 cm (unverfilzt)

ZÄHLMUSTER
Vorlagenbogen 1

Glatt rechts
In Hinr rechts M, in Rückr linke M str; in Rd alle M rechts str.

Bündchenmuster
1 M rechts, 1 M links im Wechsel str

Jacquardmuster
Glatt rechts in R nach dem Zählmuster arb (siehe „So wird's gemacht").

Anleitung
In Grau meliert 71 M mit der kurzen Rundstricknd anschl. 16 R glatt rechts str. Anschließend 39 R in folgender Einteilung str: 1 Rdm, 15 M Grau meliert, 39 M Jacquardmuster, 15 M Grau meliert, 1 Rdm. Danach 16 R in Grau meliert arb.
Auf die lange Rundstricknd wechseln und an den 3 restlichen Seiten des Quadrats je 71 M auffassen (= 284 M). Die M zur Rd schließen, 6 Rd glatt rechts und 6 Rd im Bündchenmuster str. Alle M abk und die Fäden vernähen.

Fertigstellen
Zum Filzen den Bezug bei 40 °C waschen (siehe S. 3). Noch nass über die Sitzfläche des Hockers streifen und in Form ziehen. Wieder abnehmen und trocknen lassen.

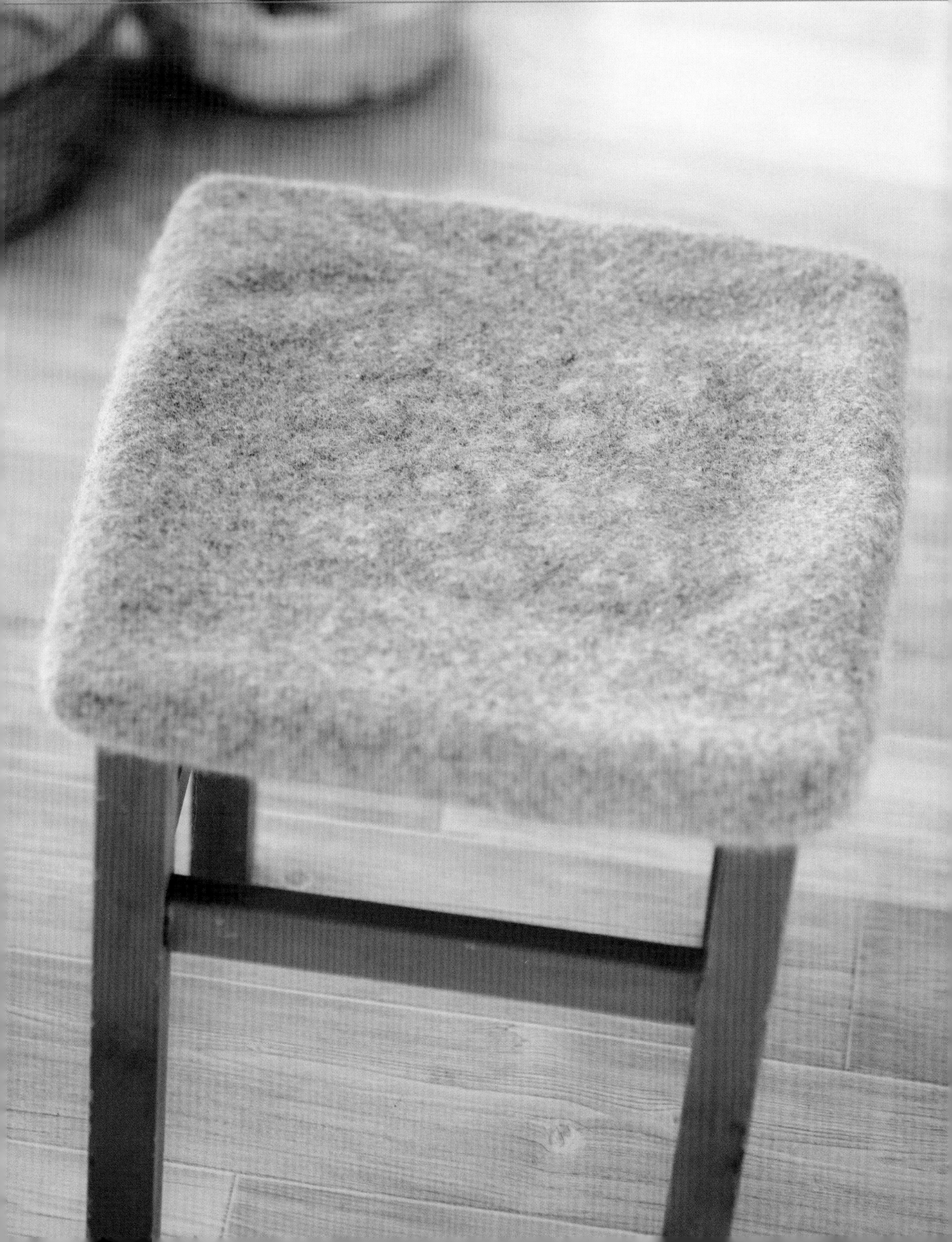

Blue Style

Cross-Body-Tasche mit Rautenmuster

GRÖSSE
55 cm Umfang, 35 cm hoch

MATERIAL
- Lana Grossa Feltro (LL 50 m/50 g) in Braun (Fb 23), 250 g, in Nachtblau (Fb 05), 150 g, in Helltürkis (Fb 90), 100 g
- Baumwollgurtband in Dunkelbraun, 3 cm breit, 1,10 m lang
- Rundstricknadel 8,0 mm, 80 cm lang
- Maschenmarkierer

MASCHENPROBE
Glatt rechts mit Nd 8,0 mm
11 M und 16 R = 10 cm x 10 cm (unverfilzt)

ZÄHLMUSTER
Vorlagenbogen 1

Glatt rechts
In Rd alle M rechts str.

Jacquardmuster
Glatt rechts in Rd nach dem Zählmuster arb (siehe „So wird's gemacht").

Anleitung

In Braun 112 M anschl und zur Rd schließen. Den Rd-Anfang mit einem Kontrastfaden oder M-Markierer kennzeichnen.
10 Rd glatt rechts str.
Anschließend 47 Rd das Jacquardmuster arb, dabei den Rapport von 16 M fortlaufend wdh.
Den oberen Teil der Tasche wie folgt str:
1.-6. Rd (Braun): Alle M glatt rechts str.
7.+8. Rd (Nachtblau): Alle M glatt rechts str.
9.-23. Rd: *2 M rechts in Nachtblau, 2 M rechts in Helltürkis str, ab* fortlaufend wdh.
24.-29. Rd (Nachtblau): Alle M glatt rechts str.
Alle M abk. Den nachtblauen Rand nach innen schlagen und festnähen.
Alle Fäden vernähen.

Fertigstellen
Für den Taschenboden die offenen Unterkanten mit Matratzenstichen zusammennähen. Für die Standfläche die Bodenecken abnähen (siehe S„So wird's gemacht").
Zum Filzen die Tasche bei 40 °C waschen (siehe S. 3). Anschließend in Form ziehen und trocknen lassen. Zum Schluss das Gurtband beidseitig auf der Tascheninnenseite unterhalb des blauen Taschenrands annähen.

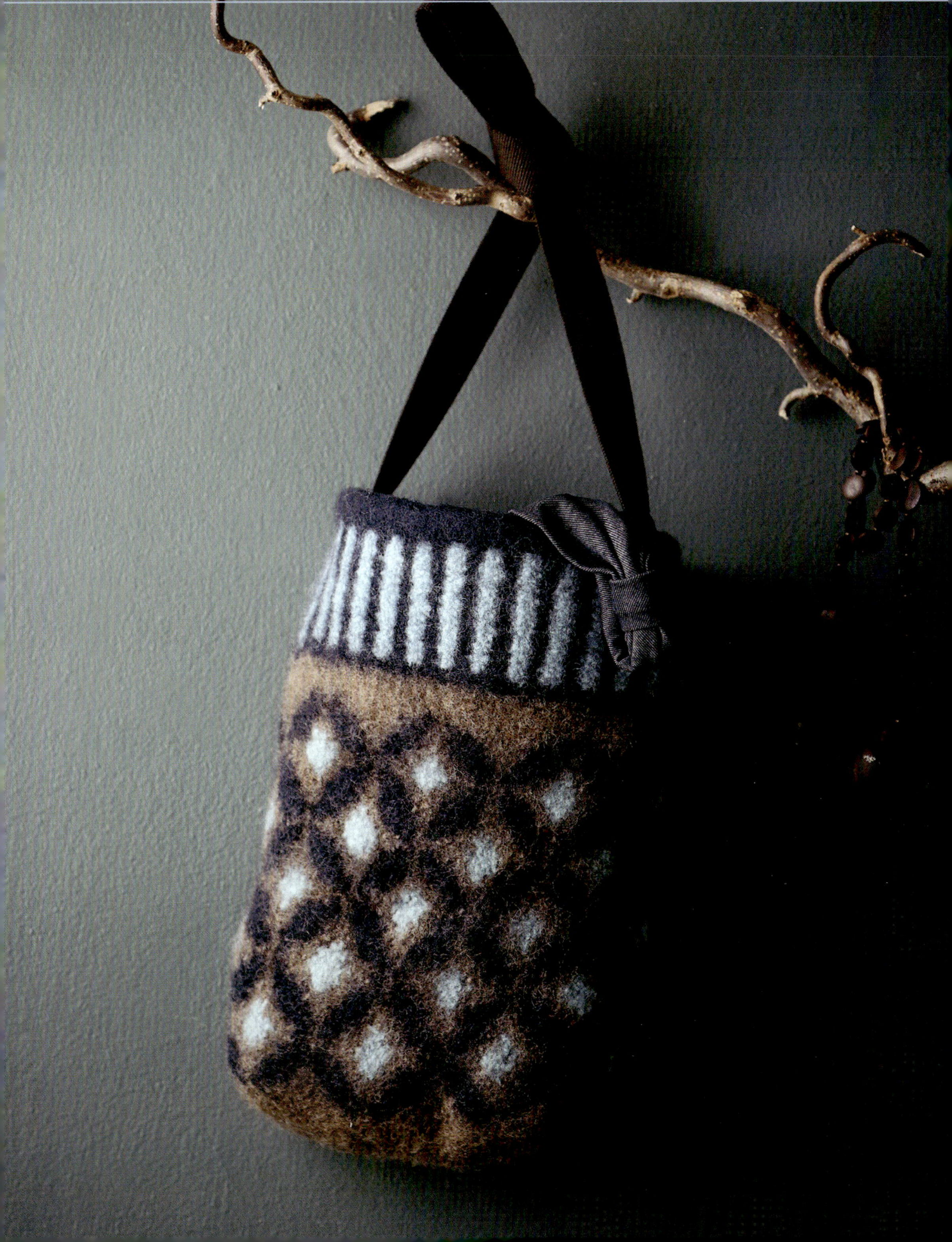

Good News

Zeitungskorb mit Zopfmuster

GRÖSSE
30 cm x 30 cm, 26 cm hoch

MATERIAL
- Buttinette Filzwolle (LL 50 m/50 g) in Petrol Color (Fb 23343), 900 g
- Rundstricknadel 8,0 mm, 80 cm und 120 cm lang
- 4 Maschenmarkierer

MASCHENPROBE
Glatt rechts mit Nd 8,0 mm
11 M und 16 R = 10 cm x 10 cm (unverfilzt)

STRICKSCHRIFT
Vorlagenbogen 1

Kraus rechts

In R alle M rechts str.

Glatt rechts

In Rd alle M rechts str.

Zopfmuster

In allen Rd nach der Strickschrift arb. Den Rapport von 14 M 3x str und die 1.-8. R fortlaufend wdh.

Anleitung

Für den Boden 50 M mit der kurzen Rundstricknd anschl und kraus rechts in R str, bis ein Quadrat entstanden ist (ca. 100 R). In der letzten R auf die lange Rundstricknd wechseln und dabei gleichmäßig verteilt 14 M zunehmen (=64 M). An den 3 restlichen Seiten des Quadrats jeweils 64 M auffassen (=256 M). Die M zur Rd schließen und den Anfang der 4 Seiten jeweils durch einen M-Markierer oder kontrastfarbigen Faden kennzeichnen. 64 Rd (8x den Höhenrapport =37 cm) str, dabei jede der 4 Seiten in folgender Einteilung arb: 10 M rechts, 42 M Zopfmuster, 2 M links, 10 M rechts.

Für den Rand 1 Rd wie folgt arb: * [12 M rechts, ** 2 M rechts zusammenstr, 1 M rechts, ab ** 12x wdh, 2 M rechts zusammenstr, 11 M rechts] ab * 3x wdh (=200 M). 10 Rd glatt rechts str. Alle M abk. Den Rand zur Hälfte nach innen legen und festnähen.

Fertigstellen

Die Seiten- und Unterkante jeweils ca. 1 cm breit der Länge nach zusammennähen (siehe Foto). So werden die Kanten beim Filzen stabiler. Alle Fäden vernähen.

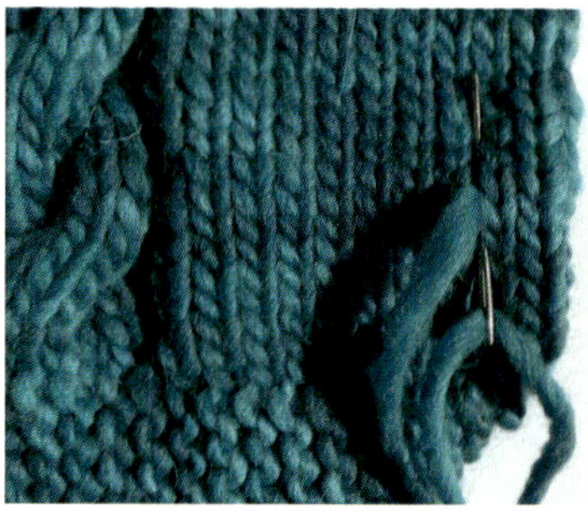

Zum Filzen den Korb bei 40 °C waschen (siehe S. 3). Anschließend in Form ziehen und trocknen lassen.

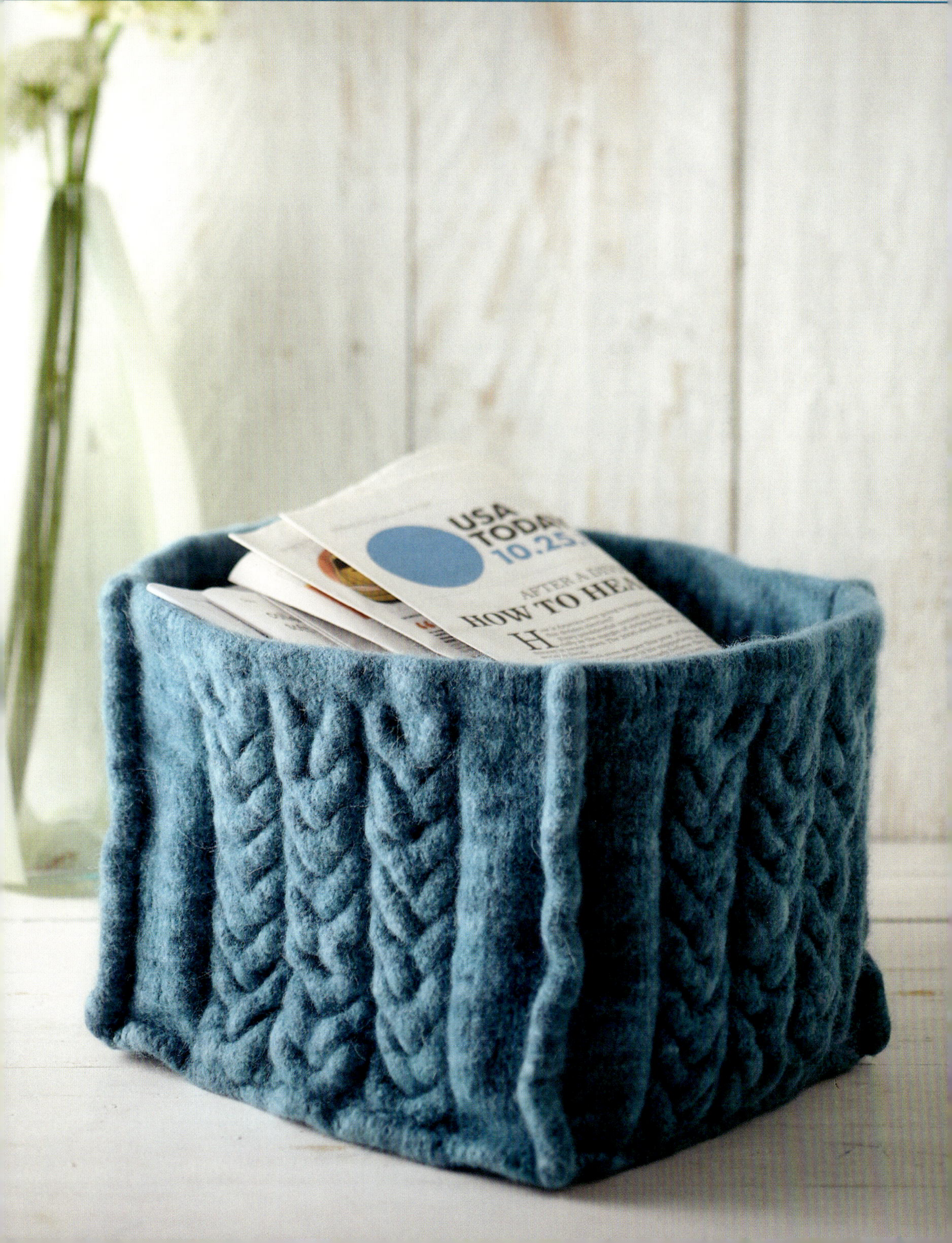
USA

Woolly Bowl

Schale mit Fransen

GRÖSSE
ø 23 cm

MATERIAL
- Buttinette Filzwolle (LL 50 m/50 g) in Anthrazit (Fb 22818), 100 g, in Hellgrau (Fb 27389), 50 g
- Nadelspiel 8,0 mm
- Rundstricknadel 8,0 mm, 60 cm lang
- Maschenmarkierer

MASCHENPROBE
Glatt rechts
mit Nd 8,0 mm
11 M und 16 R
= 10 cm x 10 cm
(unverfilzt)

Glatt rechts

In Hinr rechte M, in Rückr linke M str, in Rd alle M rechts str.

Bundmuster

1 M rechts, 1 M links im Wechsel str.

Anleitung

In Anthrazit 8 M anschl, gleichmäßig auf 4 Nd verteilen (2 M pro Nd) und zur Rd schließen. Den Rd-Anfang mit einem Kontrastfaden oder M-Markierer kennzeichnen. Glatt rechts in Rd str und die Zunahmen wie folgt arb:
1. Rd: Jede M verdoppeln (= 16 M).
2. (und jede weitere gerade) Rd: Alle M ohne Zunahme str.
3. Rd: Jede 2. M verdoppeln (= 24 M).
5. Rd: Jede 3. M verdoppeln (= 32 M).
7. Rd: Jede 4. M verdoppeln (= 40 M).
9. Rd: Jede 5. M verdoppeln (= 48 M).
11. Rd: Jede 6. M verdoppeln (= 56 M).
13. Rd: Jede 7. M verdoppeln (= 64 M).
15. Rd: Jede 8. M verdoppeln (= 72 M).
17. Rd: Jede 9. M verdoppeln (= 80 M).
19. Rd: Jede 10. M verdoppeln (= 88 M).
21. Rd: Jede 11. M verdoppeln (= 96 M).
Die M auf die Rundstricknd heben und 10 Rd ohne Zunahme str. Anschließend 4 Rd im Bundmuster str. Alle M abk und die Fäden vernähen.

Fertigstellen

96 Fäden in Hellgrau (ca. 15 cm lang) zuschneiden und als Fransen in jede M des Rands einziehen. Die Fransen auf ca. 7 cm Länge kürzen. Zum Filzen die Schale bei 40 °C waschen (siehe S. 3). Anschließend in Form ziehen und trocknen lassen.

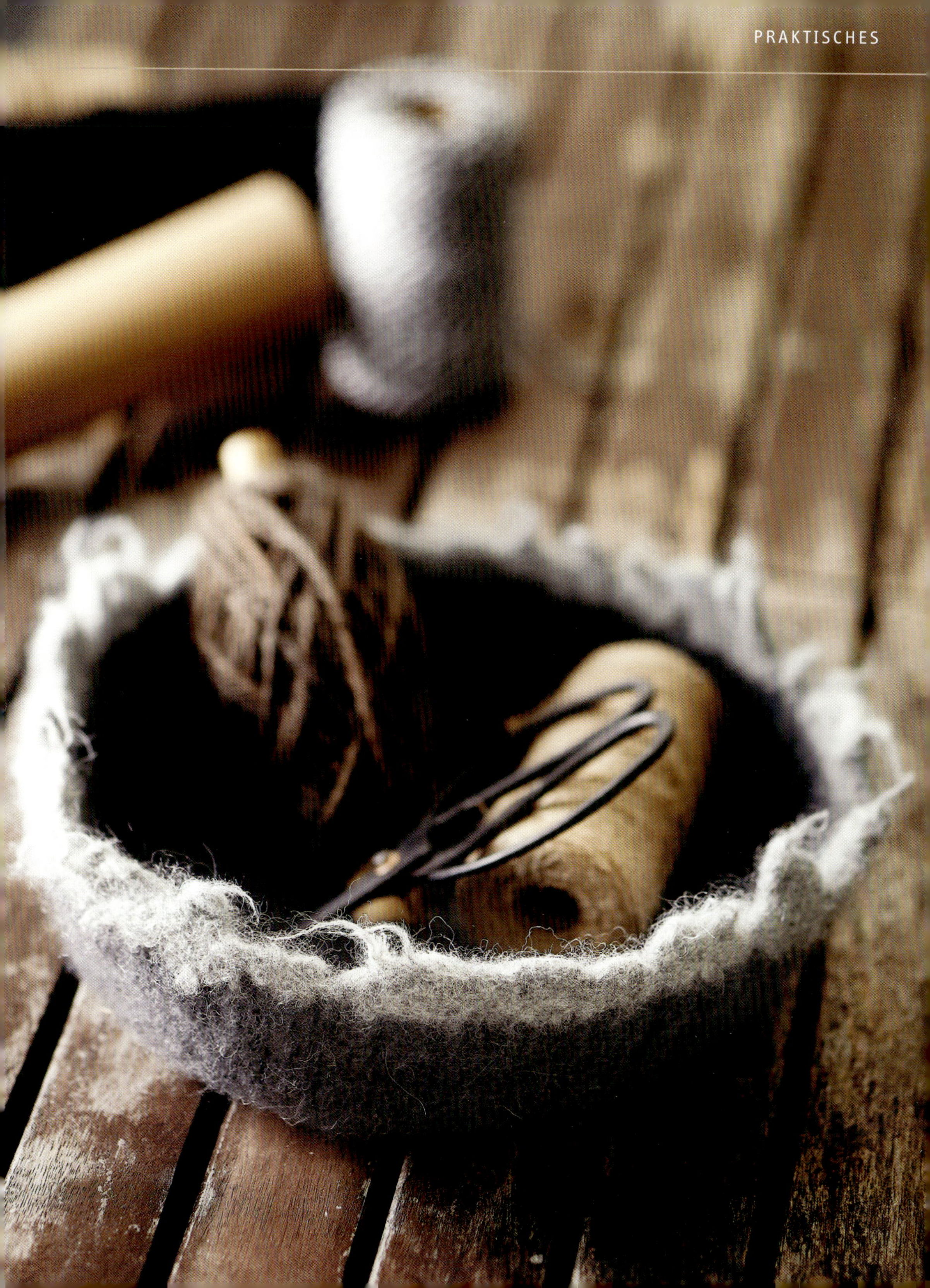

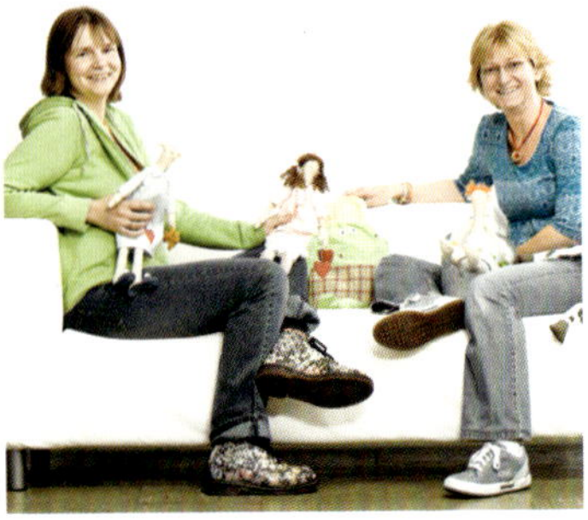

Heike Roland und **Stefanie Thomas** stehen seit fast 20 Jahrenmit ihrer BLACK SHEEP COMPANY für Gute-Laune-Design. Seit 2004 sind sie im frechverlag als erfolgreiches Autoren-Duo mit Bastel- und Handarbeitsbüchern zu finden.
Aktuelle Infos gibt es im Blog (http://black-sheep-company.blogspot.de), auf Facebook, bei Instagram (black.sheep.company) oder über den Newsletter!

DANKE!

Wir danken der Firma MEZ GmbH für die Unterstützung bei diesem Buch:
www.schachenmayr.com
www.mezcrafts.com

TOPP – Unsere Servicegarantie

WIR SIND FÜR SIE DA! Bei Fragen zu unserem umfangreichen Programm oder Anregungen freuen wir uns über Ihren Anruf oder Ihre Post. Loben Sie uns, aber scheuen Sie sich auch nicht, Ihre Kritik mitzuteilen – sie hilft uns, ständig besser zu werden.

Bei Fragen zu einzelnen Materialien oder Techniken wenden Sie sich bitte an unseren Kreativservice, Frau Erika Noll.
mail@kreativ-service.info
Telefon 07 11/12 37 57 20

Das Produktmanagement erreichen Sie unter:
pm@frechverlag.de
oder:
frechverlag
Produktmanagement
Dieselstraße 5
70839 Gerlingen
Telefon 07 11/8 30 86 68

LERNEN SIE UNS BESSER KENNEN! Fragen Sie Ihren Hobbyfach- oder Buchhändler nach unserem kostenlosen Magazin **Meine kreative Welt.** Darin entdecken Sie dreimal im Jahr die neuesten Kreativtrends und interessantesten Buchneuheiten.

Oder besuchen Sie uns im Internet! Unter **www.topp-kreativ.de** können Sie sich über unser umfangreiches Buchprogramm informieren, unsere Autoren kennenlernen sowie aktuelle Highlights und neue Kreativtechniken entdecken, kurz – die ganze Welt der Kreativität.

Kreativ immer up to date sind Sie mit unserem monatlichen **Newsletter.** Für aktuelle Infos, Gratis-Anleitungen und Gewinnspiele gleich anmelden unter **www.TOPP-kreativ.de/Newsletter**

IMPRESSUM

FOTOS: frechverlag GmbH, 70839 Gerlingen; Heike Roland, Stefanie Thomas (Arbeitsschritte); lichtpunkt, Michael Ruder, Stuttgart (alle übrigen)
PRODUKTMANAGEMENT: Claudia Mack
LEKTORAT: Christine Schlitt, Worms
GESTALTUNG: Petra Theilfarth
DRUCK: POLYGRAF PRINT spol. s r.o.

1. Auflage 2023

ISBN 978-3-7358-7042-1 • Best.-Nr. 27042

MIX
Aus verantwortungsvollen Quellen
FSC® C023577

Penguin Random House Verlagsgruppe
FSC® N001967